T0145935

CENTRO ITALIANO DI STUDI DI STORIA E D'ARTE
PISTOIA

STUDI STORICI PISTOIESI
VI

Pistoia tra età romana
e alto medioevo

Giornata di Studio
in onore di Natale Rauty

Pistoia, venerdì 26 settembre 2014
Biblioteca Comunale Forteguerriana
Piazza della Sapienza, 5

viella

Volume realizzato con il determinante contributo finanziario di

ISBN 978-88-6728- 443-6

viella
libreria editrice
via delle Alpi, 32
I-00198 ROMA
tel. 06 84 17 758
fax 06 85 35 39 60
www.viella.it

INDICE

PRESENTAZIONE

La presentazione di questo nuovo numero degli «Studi Storici Pistoiesi» si apre con il ricordo, affettuoso e pieno di stima, dell'ing. Natale Rauty, spentosi a Pistoia il 13 febbraio del 2014. La Giornata di Studio, di cui oggi pubblichiamo gli Atti, è stata intitolata in suo onore per più di un motivo. Innanzitutto per il tema "rautyano", che con lui avevamo concordato, proseguendo con queste giornate pistoiesi la nostra lunga e ininterrotta amicizia e collaborazione. Dal 2010, infatti, era stato Natale a proporre al Consiglio direttivo del Centro di dedicare, negli anni in cui non si tiene il Convegno Internazionale, uno spazio alla storia di Pistoia nell'alto Medioevo in paragone con altre realtà della penisola, anche per rispondere ad un bisogno, spesso manifestato da un certo numero di appassionati di storia, relativo alla storia pistoiese. Furono così organizzate, e pubblicate in questa rinata collana, le giornate su La rinascita del mercato nel X secolo *(2010) e su* L'eredità longobarda *(2012), dove Rauty, da par suo, intervenne presentando il suo prezioso contributo di storico. Chi ne ha conosciuto la storia, come chi stende queste righe, ne ricorda la sua particolarità di grande ingegnere ed insieme di studioso di prim'ordine, via via affinatosi con tenacia e piacere nello studio della sua città e del suo territorio, raccogliendo e stampando i documenti medievali più diversi, educando ed educandosi alla ricerca con una finezza del tutto particolare. Anche per questo motivo, nel volume del 2010, decisi di pubblicare quello che dissi di lui alcuni anni prima* (Natale Rauty medievista)*, quando ricevette un premio nel salone del Consiglio comunale.*

Per l'edizione 2014 Natale ci aveva promesso di continuare a dare il proprio contributo, suggerendoci un nuovo tema: Pistoia tra età romana e alto medioevo. *La sua scomparsa non ci ha permesso di ragionare con lui sui dettagli, ma abbiamo voluto mantenere fede ai nostri accordi, chiamando ad intervenire storici dell'età romana* (Arnaldo Marcone)*, archeologi che hanno studiato Pistoia* (Paola Perazzi e Cristina Taddei) *e un giovane studioso* (Andrea Felici)*, confermando l'attenzione che Rauty ha sempre riservato per quanti si cimentano con passione negli studi storici. A loro siamo grati per aver accolto il nostro invito, condividendo la nostra* *iniziativa in onore di Natale.*

Aggiungo oggi alcuni ricordi personali, come le ore passate insieme a parlare e discutere a lungo, lo scambio continuo di idee, che con lui appariva del tutto naturale. Ricordo anche il primo Convegno in cui fui invitato a Pistoia (1977), durante il quale Natale mi condusse a visitare l'interno del Palazzo dei Vescovi, il cui restauro non era ancora terminato, dove il lavoro dell'architetto e ingegnere sfociava in quello dell'artista. Ma Rauty ha sempre pensato per Pistoia, e il suo territorio più ampio, molte altre cose. Ho il dovere di ricordare il mio legame con i tre amici Enrico Coturri, Sabatino Ferrali e Natale Rauty, con i quali, invitati da Natale nella sua casa di campagna, ci trovavamo a discutere di storia e dei convegni di Buggiano. A tutti loro ho dedicato pagine di ricordi, per mantenere la memoria di un sodalizio unico e fruttuoso per la storia di Pistoia e della Valdinievole.

Concludendo queste brevi note, il mio ringraziamento va agli enti fondatori del nostro Centro, augurandomi che il frutto di queste idee e di questo lavoro possa continuare nel tempo.

Pistoia, 15 maggio 2015

GIOVANNI CHERUBINI
Presidente del Centro Studi

Arnaldo Marcone

PISTOIA E IL SUO TERRITORIO
FRA TARDA ANTICHITÀ E ALTO MEDIOEVO

La storia di Pistoia in età repubblicana, se si prescinde dall'episodio della battaglia finale con cui si chiude la vicenda dell'insurrezione di Catilina nel 62 a.C., svoltosi in una località non distante, ha riscontri alquanto limitati[1]. È una situazione che apparentemente è simile anche per l'età altoimperiale. Ma in questo caso la relativa mancanza di informazioni per le città italiane è imputabile ai nuovi equilibri della vita politica ed economica dell'Impero in cui l'Italia in genere è meno centrale che in passato. Pistoia ha anche lasciato minime tracce nella tradizione letteraria e nella storiografia. Qualcosa di più è venuto dai risultati della ricerca archeologica che ha contribuito non poco ad arricchire dei dati altrimenti davvero limitati. Gli scavi nel Palazzo dei Vescovi, in particolare, hanno confermato il rinnovamento urbanistico di età augustea ma hanno nello stesso tempo evidenziato un declino della città nel III secolo seguito da una ripresa nel IV che sembra conoscere una brusca interruzione all'inizio del V secolo[2].

In particolare a Pistoia risulta che, alla fine del II secolo, un quartiere abitativo, negli spazi poi occupati dal Palazzo dei Vescovi, delimitato da una via selciata fu distrutto da un incendio; la vita vi si interruppe per più di due secoli e riprese alla metà del IV secolo[3].

---

1 L'origine di Pistoia è probabilmente riconducibile alle guerre condotte da Roma contro le popolazioni liguri dell'Appennino attorno al 180 a.C. In età imperiale risulta essere un *municipium* retto da *quattuorviri*. Cfr. G. UGGERI, *Per una definizione del* municipium *pistoiense e del confine con la colonia di Lucca*, «Annali dell'Istituto di Storia, Facoltà di Lettere e Filosofia, Università degli Studi di Firenze», II 1980-81, pp. 25-54. Pistoia risulta attribuita alla tribù *Velina*.

2 Cfr. *L'antico palazzo dei vescovi a Pistoia. Indagini archeologiche*, II, 1. *I documenti archeologici*, II, 2, a cura di G. VANNINI, Firenze, Olschki, 1985-1987.

3 Cfr. G. DE TOMMASO, *I caratteri ambientali precedenti all'edificazione del palazzo fasi 1-10*, in *L'antico Palazzo dei Vescovi a Pistoia*, II.1, cit., pp. 41-53.

1

La riorganizzazione urbanistica dovette procedere di pari passo con la trasformazione del paesaggio agrario della pianura circostante. È probabile che Pistoia non abbia mai avuto lo status coloniale.

Pistoia è menzionata a proposito di un curioso episodio narratoci dallo storico antiocheno Ammiano Marcellino e risalente al 370 d.C. circa, che ha suscitato discussione perché pone un irrisolto problema di storia amministrativa. Si tratta, in realtà, di una sorta di prodigio. A Pistoia un asino verso le 10 del mattino salì su una tribuna e si mise a ragliare ostinatamente[4]. La cosa suscitò stupore e fu poi interpretata come allusiva all'ascesa al governatorato della provincia di Tuscia e Umbria nel 364 (cosa che dava automaticamente accesso al senato) di un tale *Terentius*, un fornaio, originario di Roma, un personaggio di condizione modesta. Terenzio dieci anni più tardi fu condannato a morte perché riconosciuto colpevole di falsificazione. Il passo non avrebbe suscitato particolare interesse se non fosse che Ammiano colloca Pistoia nella *Tuscia Annonaria* in un'epoca in cui la *Tuscia* risulta ancora indivisa ed era ancora denominata come "Tuscia ed Umbria". Gli studiosi si sono sbizzarriti nel trovare una soluzione plausibile. La più semplice è che si tratti di un anacronismo, che cioè Ammiano usi la denominazione corrente al tempo in cui scrive (fine IV sec.) ma non ancora valida per l'epoca dell'episodio che narra, oppure di un'interpolazione al testo. È più originale la proposta di chi vede nell'uso del termine *annonaria* riferito alla Tuscia in Ammiano un senso non tecnico amministrativo ma di generico riferimento al rifornimento alimentare di Roma[5].

Quel che possiamo dire, a parte l'episodio di *Terentius* che ha lasciato una traccia occasionale nella storiografia, è che a Pistoia fu interessata da un primo periodo di crisi che durò dall'inizio del III sino a oltre la metà del IV secolo: in questo periodo si registra anche l'abbandono per incendio e crollo della *domus* di piazza Duomo. Che Pistoia abbia patito una distruzione da parte dei Goti di Rada-

---

4 AMMIANUS MARCELLINUS, *Res gestae Caii Jiulii Caesaris Divi Augusti*, vol. II, a cura di C. CLARK, Berlin, Weidmann, 1963, XXVII, 3, 1-2, p. 422.

5 Cfr. J. DEN BOEFT - J.W. DRIJVERS - D. DEN HENGST - H.C. TEITLER, *Philological and Historical Commentary on Ammianus Marcellinus XXVII*, Leiden, Brill, 2009, pp. 34-40; C.R. RASCHLE, *Bemerkungen zur* annonaria Tuscia (*Ammian. 27, 3.1-2*), «Hermes» 137 (2009), pp. 220-232.

gaiso all'inizio del V secolo, nel 402, è ipotesi plausibile e accreditata da Natale Rauty[6]. L'evidenza archeologica di cui disponiamo parla in effetti di una cesura traumatica nella storia della città in quest'epoca.

In buona sostanza di Pistoia anche in età tardoantica-altomedievale sappiamo molto poco. La non coincidenza del centro cittadino altomedievale con il foro si può plausibilmente spiegare con la pressoché totale distruzione dell'abitato romano ad opera dei Goti di Radagaiso. Il nuovo insediamento non sarebbe stato quindi condizionato dal precedente tessuto urbano. Ben poche sono le strade di Pistoia medievale che seguono la direzione del *cardo* e del decumano con l'unica eccezione di via degli Orafi. Non a caso si ebbe un significativo spostamento dell'asse viario della via Cassia, che nei secoli precedenti era coincisa con il decumano cittadino e intersecava il *cardo* (ora via Bracciolini), dove attualmente è piazza del Duomo[7].

Pistoia sembra mostrare la medesima crisi, più o meno generalizzata, conosciuta dalle città toscane, sia pure con scansioni cronologiche in parte diverse, a partire dall'inizio del III secolo con il progressivo abbandono del centro e la concentrazione del popolamento in aree periferiche[8]. Esistono comunque alcune parziali eccezioni come Chiusi e Fiesole dove il fenomeno pare verificarsi più tardi, tra IV e V secolo; non sono invece ancora chiari i dati per

---

6 N. RAUTY, *Storia di Pistoia: Dall'alto Medioevo all'età precomunale, 406-1105*, Firenze, Le Monnier 1988 p. 27. Sono notevoli le tradizioni popolari che mantengono memoria di questa devastazione che Rauty puntualmente segnala.

7 L'importanza di Pistoia in età imperiale sembra essere risieduta essenzialmente nell'essere una stazione della via Cassia. Cfr ID., *La via consolare Cassia attraverso Pistoia*, «Bullettino Storico Pistoiese», LXVIII (1966), pp. 3-14 = ID., *Pistoia. Città e territorio nel Medioevo*, Pistoia, Società pistoiese di storia patria, 2003, pp. 13-24. Il percorso della via Cassia risulta essere spostato verso sud e seguire un percorso irregolare. Di conseguenza anche il centro urbano della città medievale si sposta. Il foro di quella romana è localizzabile forse nell'area nordoccidentale di piazza del Duomo.

8 Nelle considerazioni che seguono si ripropongono in forma sintetica le conclusioni cui sono giunti alcuni studiosi di archeologia medievale che si sono occupati della questione. Si veda in particolare F. CANTINI, *La Tuscia settentrionale tra IV e VII secolo: nuovi dati archeologici sulla transizione*, in *La trasformazione del mondo romano e le grandi migrazioni. Nuovi popoli dall'Europa settentrionale e centro-orientale alle coste del Mediterraneo*, Atti del Convegno internazionale di studi Cimitile-Santa Maria Capua Vetere, 16-17 giugno 2011, a cura di C. EBANISTA - M. ROTILI, Napoli 2012, pp. 163-175.

Siena ed Arezzo[9]. Lucca presenta chiari segni di desertificazione con discariche che si accumulano dentro e fuori le mura mentre l'area urbanizzata extramuranea viene trasformata in una necropoli. A Chiusi, sul finire del IV secolo, si realizza un primo decadimento riconoscibile in edifici con pavimenti musivi destinati ad ospitare sepolture e nel disuso dei "servizi" sotterranei ereditati dalla città etrusca. Anche Firenze entra in crisi nel corso del III secolo come indicano le strutture abitative romane rinvenute nello scavo di Santa Reparata e nei recuperi vicino al Battistero che fanno presupporre un abbandono verificatosi tra fine IV-V secolo ed una loro destinazione a zone d'inumazione[10]. Nella Toscana costiera meridionale Cosa risulta desertata quasi totalmente verso la fine del III secolo mentre Roselle mostra, tra fine III-inizi IV secolo, un'inequivocabile serie di riusi nella maggior parte del centro monumentale e spazi ormai abbandonati; si verifica una netta perdita d'importanza del centro, che viene sostituito da una zona in precedenza periferica (ma vicina ad uno dei principali punti di accesso alla città, ed alle vie di comunicazione con il territorio), dove si realizza un intervento monumentale tramite la costruzione di un edificio termale. Volterra presenta dati che appaiono contraddittori dal momento che sono attestati interventi edilizi monumentali che sembrano avere nuovamente inizio alla metà del III-inizi IV secolo (costruzione di impianti termali) mentre altre evidenze archeologiche che mostrano decadimento e desertazione (tempio nell'acropoli, teatro, restituzioni di Via Gramsci e Piazza XX settembre). Per Arezzo i pochi dati esistenti rivelano un grande edificio di epoca romana non interpretabile, destinato a sepolcreto prima del V secolo.

Il caso di Fiesole è interessante perché la città in età romana rivestì prevalentemente un ruolo di centro di servizi per il territorio, come è provato dalla scarsa popolazione e da una trama urbana caratterizzata dalla presenza di grandi edifici pubblici, e mostra la decadenza attraverso il deteriorarsi graduale delle opere pubbliche,

---

9 Cfr. M. VALENTI, *La Toscana tra VI e IX secolo. Città e campagna tra fine dell'età tardoantica ed Altomedioevo*, in *La fine delle ville romane: trasformazioni nelle campagne tra tarda antichità e altomedioevo nel territorio gardesano*, I convegno archeologico del Garda - Gardone Riviera (Brescia) 14 ottobre 1995, a cura di G.P. BROGIOLO - S. GELICHI, Mantova, SAP 1997 (Documenti di Archeologia, 11), pp. 81-106.

10 Cfr. VALENTI, *La Toscana tra VI e IX secolo*, cit., p. 93.

cioè con la cessazione delle strutture amministrative municipali; gli edifici, dopo fasi nelle quali si alternano restauri e riusi, agli inizi del V secolo sono destinati a discarica. L'area del Foro romano non è più elemento coagulante e centrale, ma risulta invece abbandonata (adibita poi a zona sepolcrale o di discarica) e di separazione tra i nuovi agglomerati. Non possiamo più parlare di un nucleo urbano compatto come per la città romana; la popolazione si sposta in aree periferiche ed in corrispondenza delle porte dove si formeranno nuovi agglomerati.

Nel caso di Lucca, studiata soprattutto da un punto di vista storico, si è parlato di un modello di "città orto" dove spazi coltivati si alternavano a zone edificate o abitazioni isolate: si tratta di una Lucca evidentemente ruralizzata. A Firenze gli scarichi di Piazza della Signoria (databili tra VII e VIII secolo) sembrano mostrare che la vita fosse ormai concentrata nella parte meridionale della città.

Dovevano quindi coesistere più modelli di sviluppo urbano in Toscana, ma al momento le ipotesi che si possono fare sono inevitabilmente parziali. Allo stato attuale della ricerca appare confermata la tendenza che è stata accertata per le città settentrionali, per le quali sono i decenni tra VI e VII secolo che appaiono quelli di più accentuato degrado e di trasformazione, in cui si viene a creare una sorta di filtro attraverso il quale possono essersi prodotti esiti differenti[11].

In buona sostanza si deve tener conto di come, in linea generale, in età altomedievale, in Toscana come altrove, sia accertabile una evidente rottura con le caratteristiche della città tardoantica con sviluppi originali di tipologie diverse di città, classificate nella ricerca odierna come città "frantumate", città "fortezze" e città "ruralizzate", nelle quali la trama topografica tende a distaccarsi da quella romana e ad assumere caratteri propri.

Le forme di insediamento altomedievali risentono inoltre del declino generalizzato della vita economica. Dall'economia complessa di età tardo romana, che, grazie all'integrazione tra gestione statale dei rifornimenti e libero mercato, univa le sponde del Mediterraneo a Roma e alle altre città dell'Impero, si arrivò progressivamente, ma in forma ormai consolidata a partire dalla seconda metà del VII secolo, ad un complesso di economie, diversificate, come differenti erano

---

11 Cfr. G.P. Brogiolo, *A proposito dell'organizzazione urbana nell'altomedioevo*, «Archeologia Medievale», XIV (1987), pp. 27-46.

diventate le regioni della penisola e le varie aree di una stessa regione, caratterizzate da orizzonti produttivi locali, che non avrebbero mai più riconquistato forme di complessità paragonabili a quelle romane, perché non si sarebbero mai più riunificate sotto uno stesso potere tutte le sponde del *mare nostrum*. Le condizioni "locali" avrebbero avuto da ora in poi più conseguenze di quelle "internazionali"[12].

In un processo diversificato di accentramento nelle campagne gli edifici religiosi sembrano assumere il ruolo di polo di aggregazione della popolazione rurale, iniziando a sorgere nei pressi delle zone che mostrano la presenza di abitazioni del cosiddetto periodo caotico.

Sono indicazioni di ordine generale che valgono anche per l'agro pistoiese. La città perde la sua funzione di centro organizzativo e nella campagna si viene a realizzare una tipologia di modello insediativo che si suole definire «caotico», che corrisponde al quadro di desolazione e crisi demografica descritto da Gregorio Magno per il VI secolo: l'occupazione della terra non è pianificata ma si determina uno sfruttamento disordinato e dettato dalle necessità degli individui[13]. Alla fine del VI secolo, in quelle zone che possono essere considerate strategiche o di frontiera nella Toscana settentrionale e meridionale, l'insediamento si articola soprattutto in nuclei fortificati di altura (che potremmo già definire castelli o forse, più propriamente, abitato fortificato).

Vanno considerate inoltre le funzioni delle basiliche. Non si tratta unicamente di centri liturgici, perché esse avevano funzione sociali assai ampie. Tra di esse la più evidente è certamente quella dell'assistenza: questa era rivolta innanzitutto a coloro che erano privi di mezzi autonomi di sussistenza, ma non si deve trascurare il fatto che la legislazione imperiale progressivamente trasferisce ai vescovi incombenze di tipo annonario. Il fenomeno è definitivamente chiaro solo a partire dalla legislazione di Giustiniano, ma già in precedenza si ricorre ai vescovi per la gestione di situazioni eccezionali che, in un'epoca di forte instabilità politica e militare come il V secolo, non

---

12 Cfr. CANTINI, *La Tuscia settentrionale tra IV e VII secolo*, cit.

13 Cfr. M. VALENTI, *Forme abitative e strutture materiali dell'insediamento in ambito rurale toscano tra tardoantico e altomedioevo*, in *Edilizia residenziale tra V e VII secolo*, IV seminario sul tardoantico e sull'altomedioevo in Italia centrosettentrionale, a cura di G.P. BROGIOLO, Mantova 1994, pp.179-190.

dovettero essere infrequenti.

Se si tiene conto del ruolo che i vescovi incominciano a ricoprire nell'amministrazione civica, una simile scelta si fa forse più comprensibile. Il vescovo infatti venne cooptato nell'amministrazione cittadina in quanto era l'amministratore di uno dei maggiori patrimoni della città e dunque rientrava in quella cerchia ristretta dei *primores* che detenevano il potere effettivo nella curia cittadina di età tarda[14]. La sua autorità dunque, unita alla valorizzazione delle basiliche come luoghi di interesse collettivo, avrà probabilmente reso più facile l'assegnazione di spazi e strutture di proprietà pubblica, ma ormai defunzionalizzate, per le esigenze della chiesa locale.

In breve: la dislocazione delle chiese appare dipendere da una scelta cosciente che presuppone che il cuore sociale, economico e politico della città sia rappresentato sempre meno dall'area del foro. Le funzioni necessarie alla vita civica tendono a decentrarsi topograficamente e probabilmente a essere assolte da più soggetti: si delinea una evoluzione da una struttura centralizzata quale era la città di età imperiale verso il policentrismo della città altomedioevale, probabilmente meno efficiente e con rischi di conflittualità, ma anche più flessibile e adattabile alle emergenze e ai mutamenti sociali e storici che si verificano in questo periodo. Per quanto riguarda il caso specifico di Pistoia dopo il V secolo non si trovano resti di cinta muraria, né del regolare impianto urbanistico ad *insulae* tipico degli abitati romani.

Quanto alla storia religiosa sappiamo che alla fine del V secolo un vescovo di Pistoia, pure avanti negli anni, senza l'autorizzazione del papa, che lo censurò, si recò a Ravenna, da Teoderico che vi si era appena insediato[15]. Verso la metà del VI secolo sappiamo da una

---

14 Cfr. J.H.W.G. LIEBESCHUETZ, *The Rise of the Bishop in the Christian Roman Empire and the Successor Kingdoms*, «Electrum», I (1997), 113-125; ID., *The Decline and Fall of the Roman City*, Oxford 2001; C. Rapp, *Holy Bishops in Late Antiquity. The Nature of Christian Leadership in an Age of Transition*, Berkeley - Los Angeles - London 2005; G.A. CECCONI, *Crisi e trasformazione del governo municipale in Occidente fra IV e VI secolo*, in, *Die Stadt in der Spätantike – Niedergang oder Wandel?*, a cura di J.-U. KRAUSE - Ch. WITSCHEL, Stuttgart, Steriner, 2006, pp. 285-318.

15 Il primo documento che attesti l'esistenza di un vescovo a Pistoia, di cui peraltro non conosciamo il nome, risale alla fine del V secolo è una lettera di papa Gelasio (492-496): il testo è edito, tradotto e commentato da N. RAUTY, *Storia di Pistoia*, cit., p. 31. Rauty ritiene probabile, sulla base del passo di Ammiano Marcellino ricordato prima, che Pistoia fosse già sede vescovile nella seconda metà del

lettera di papa Pelagio che il vescovo di Pistoia era ricompreso nella condanna papale dello scisma tricapitolino (che rifiutava le decisioni del concilio di Costantinopoli del 553), scisma cui avevano aderito, in ostilità a Bisanzio, diverse sedi dell'Italia centro-settentrionale[16].

In ogni caso la situazione della Tuscia dopo la guerra greco-gotica era davvero desolata: abbiamo un riscontro preciso dello stato di abbandono della diocesi di Fiesole senza vescovo e con le chiese in rovina. I due soli sacerdoti superstiti avevano chiesto soccorso al Papa[17]. Noi siamo informati di questa circostanza da una lettera di Gregorio Magno del 599 (IX, 143) che si rivolse al vescovo di Luni, Venanzio, per chiedergli di soccorrere i fiesolani. Pistoia conosce due secoli di dominio longobardo: la città più potente della Tuscia è Lucca (dalla metà del VI secolo Pistoia aveva avuto un governatore bizantino, uno *iudex* responsabile della val di Nievole, della montagna e della valle dell'Ombrone).

Nella seconda metà del VI secolo Pistoia fu retta da un governatore bizantino, lo *iudex*. Ma alla fine del VI secolo anche Pistoia fu conquistata dai Longobardi (nel lessico bizantino Suida che risale alla metà del X secolo fra le città romane della Toscana sono menzionate solo Pisa e Firenze). Per avere notizia di mura a Pistoia si deve attendere l'anno 764[18]. Mancano riscontri definitivi per il territorio di Pistoia che confermino in modo sicuro quanto è emerso per altre aree della Toscana, vale a dire che i castelli del X e dell'XI secolo sono il risultato delle trasformazioni dei preesistenti villaggi rurali quando l'assetto della campagna si disgregò per l'effetto delle invasioni di Goti e Longobardi. Tuttavia la documentazione disponibile conforta in modo sufficientemente plausibile questa ipotesi[19].

IV secolo (ID., *Il culto dei santi a Pistoia nel Medioevo*, Firenze, Sismel Edizioni del Galluzzo, 2000, p. 3).

16 *PL*, LIX, col. 143. Cfr. ID., *Storia di Pistoia*, cit, pp. 30-33. Si tratta di un documento significativo dei rapporti che il vescovo della città, quale rappresentante della collettività, intratteneva con il potere politico.

17 Si pensi, come ha ben visto Rauty in un capitolo delle sua *Storia di Pistoia*, cit., *La diocesi abbandonata*, pp. 84-86 e poi nel volume *Il culto dei santi a Pistoia nell'Alto Medioevo*, cit.

18 Cfr. ID., *Storia di Pistoia*, cit., p. 107.

19 Cfr. ID., *L'incastellamento nel territorio pistoiese tra il X e l'XI secolo*, «Bullettino Storico Pistoiese», XCII (1990), pp. 31-57 = ID., *Pistoia. Città e territorio nel Medioevo*, cit., pp. 315-339.

Va tenuto presente che tra il 493 e il 1000 sono solo 110 (e quasi tutti di natura privata) i documenti scritti riferibili a Pistoia. In particolare, non diversamente da altre città toscane, nel VII secolo Pistoia non compare in nessun documento e la sede vescovile è vacante ed è retta da Lucca: in nessun sinodo compare il vescovo di Pistoia. Per attendere che Pistoia abbia di nuovo un vescovo bisogna attendere l'anno 700. Il vescovo Giovanni fu eletto il giorno dell'Ascensione del 700, il 20 maggio[20]. Pistoia tornò a crescere di importanza nell'VIII secolo quando si ricostruiscono le mura ed è sede di un gastaldo e risulta in sicuro sviluppo nel X secolo. Nell'Alto Medioevo durante il periodo longobardo il centro cittadino si era formato intorno alla piazza della Sala e solo più tardi, quando si ebbe lo spostamento della cattedrale entro le mura, nel tessuto organizzato della città, si collocò nella *platea civitatis* di fronte e a fianco della Cattedrale.

Davvero si può dire che alla fine dell'XI secolo, quando il vescovo di Pistoia costruisce il suo palazzo fortificato, si chiude un periodo storico. Anche l'economia dà segni di ripresa e inizia a riorganizzarsi la vita politica. E non a caso la città che sta risorgendo vuole riscoprire le sue origini e trovare ragioni di orgoglio in un passato di necessità mitistorico.

La storia di Pistoia presenta dunque una evidente cesura, per certi aspetti più evidente di quella di altre città toscane, fra la sua storia in età romana e quella di età medievale. Eravamo partiti da Catilina e dalla sua morte in battaglia nei pressi di Pistoia nel 62 a.C.[21]. E a Catilina e alla sua fortuna rispetto a Pistoia e alla Toscana in genere in età medievale può meritare tornare per capire come si cercasse di sanare quella soluzione di continuità. Che cosa si può dire in proposito in rapida sintesi? Come si è visto il tentativo rivoluzionario di Catilina, conclusosi con la sua uccisione nel 62 a.C. rappresenta l'unico episodio importante di cui abbiamo un riscontro per la sto-

---

20 Cfr. ID., *Storia di Pistoia*, cit., pp. 101-102.

21 La battaglia finale contro i Catilinari si svolse nel gennaio del 62 (GAIUS SALLUSTIUS CRISPUS, *De coniuratione Catilinae*, 59, 1, in SALLUSTE, *Catilina. Jugurtha. Fragments des Histoires*, a cura di A. ERNOUT, Paris, Le Belles Lettres, 1968, 59, 1, p. 121) in una località che oggi si tende a collocare nella piana di campo Tizzoro, a pochi chilometri a sud-est di Cutigliano, tra San Marcello Pistoiese e il passo di Oppio. Cfr. B. BRUNI, *Memorie pistoiesi del "Bellum Catilinae"*, «Pistoia» 3 (1966), nr. 9, pp. 47-52.

ria di Pistoia in età romana[22]. È comprensibile che a Catilina si torni quando, nella rinascita cittadina del XII secolo, si va alla ricerca di miti di fondazione anche in concorrenza con le città vicine e alla luce delle rivalità reciproche. Questo spiega anche la leggenda relativa alla cosiddetta torre di Catilina nel pieno centro cittadino[23].

La fortuna di Catilina nella cultura toscana medievale conosce una peculiare evoluzione. In una fase iniziale, come nei *Gesta Florentinorum* di Sanzanome e nella *Chronica de origine civitatis*, Catilina impersona le forze dell'opposizione esterna di Fiesole, Pistoia e di altre città della Toscana all'espansione territoriale fiorentina e alla sua egemonia politica, presentata come una vocazione egemonica in quanto lascito di Giulio Cesare alla "seconda Roma"[24]. Successivamente prevale il ricorso a un uso politico, anche a scopo di diffamazione degli avversari interni, della figura di Catilina.

Dante stesso sembra aver accreditato la tradizione secondo cui i rimasugli dell'esercito di Catilina, sfuggiti a Marco Petreio, il legato di Marco Antonio Ibrida (c'è un ponte Petrino sul Bisenzio, nei pressi di Prato che si fa risalire a Marco Petreio), sarebbero riparati a Pistoia, allora appena un villaggio, dando quindi origine alla città più rissosa del suo tempo[25]. Dante, cioè, ritorce contro Pistoia il mito fondativo della sua fondazione da parte dei Catilinari superstiti.

Sappiamo che non è così, perché all'epoca della congiura di Catilina, Pistoia era già municipio romano, ma il guelfo bianco Dante, che vagheggiava ancora il mito dell'impero romano, paragonava

---

[22] Merita ricordare come il comune di Cutigliano abbia celebrato la memoria della battaglia con una serie di manifestazioni tra l'aprile e il maggio del 2014 volendo apparentemente cercare di ridare credibilità a una presunta origine del comune da un insediamento cui avrebbero dato vita i Catilinari scampati alla sconfitta.

[23] Una "torre di Catilina" si trova anche nei pressi del colle Vaioni. Fu fatta erigere dal patriota pistoiese Niccolò Puccini, all'estremità settentrionale del parco di Scornio, nel presunto luogo della battaglia finale combattuta da Catilina con l'intenzione di sollecitare i concittadini al riscatto patriottico.

[24] Si veda ora l'edizione curata da Riccardo Chellini, Roma, Istituto italiano per il Medioevo 2009. Tratto più ampiamente di quest'aspetto nel mio: *Catilina e la sua (s)fortuna alla fine del Medioevo*, in *Miscellanea di studi in onore di Claudio Griggio*, Udine, Forum, in c.d.s.

[25] DANTE ALIGHIERI, *Inferno*, a cura di A.M. CHIAVACCI LEONARDI, Bologna, Zanichelli, 2001, p. 432, XXV, vv. 10-12: «Ahi Pistoia, Pistoia, ché non stanzi / d'incenerarti sì che più non duri, / poi che 'n mal fare il seme tuo avanzi?».

Con il "mal seme" Dante intende Catilina.

la ribellione dei "Catilinari" contro Roma a quella di Firenze contro l'imperatore, per la quale il poeta era stato costretto all'esilio, e pertanto coglieva ogni pretesto per scagliarsi contro chi, nel presente come nel passato, riconoscesse come avversario della propria idea di un principio ordinatore.

Ma ancora parole simili il poeta fa dire all'amico e maestro Brunetto Latini che, nel canto XV dell'Inferno, annuncia all'allievo di un tempo che i suoi concittadini, discendenti da quei fiesolani che si erano schierati con Catilina, opponendosi così alla costruzione dell'impero romano, voluto dalla Provvidenza divina, ripagheranno con il male il «ben far», cioè l'integrità dimostrata da Dante nel ricoprire cariche pubbliche.

> «[…] quell'ingrato popolo maligno (i fiorentini)
> che discese di Fiesole ab antico, (Fiesole aveva parteggiato
>   per Catilina)
> e tiene ancor del monte e del macigno,
> ti si farà, per tuo ben far, nimico» (vv. 61-63).

Giovanni Villani, da parte sua, spiegava così il carattere fiero e aggressivo dei Pistoiesi del suo tempo con la discendenza dai Catilinari:

> «non è da maravigliare se i Pistoiesi sono stati e sono gente di guerra fieri e crudeli intra lloro e con altrui, essendo stratti del sangue di Catellina»[26].

Ben più vicina e probabile, ma meno nobilitante, soprattutto nel contesto delle contese tra le città toscane nel Medioevo, era invece per i pistoiesi l'eredità longobarda[27].

---

[26] GIOVANNI VILLANI, *Nuova cronica*, a cura di G. PORTA, Parma, Guanda, 1991, I, 32, p. 19.
[27] Cfr. N. RAUTY, *L'eredità longobarda. Pistoia*, in «Studi Storici Pistoiesi» V, *L'eredità longobarda*, Roma, Viella, 2014, pp.17-27.

PAOLA PERAZZI – CRISTINA TADDEI

PISTOIA. RESTI DELLA CITTÀ ROMANA

I resti della città romana nella Carta archeologica della provincia di Pistoia

Questo contributo vuole definire e analizzare dal punto di vista archeologico i resti dell'insediamento romano sul quale insiste la città di Pistoia. I dati che si presentano provengono da un complesso lavoro di revisione delle acquisizioni già note e di edizione di attività di ricerca e di tutela in alcuni casi rimaste a lungo inedite confluito nel volume dalla Carta archeologica della provincia di Pistoia[1], presentato nel novembre del 2010 prima a Firenze nella sede storica dell'Istituto Geografico Militare e poi nell'Antico Palazzo dei Vescovi di Pistoia. Una foto scattata in quell'occasione (fig. 1) ricorda i relatori della presentazione pistoiese: Giovannangelo Camporeale, Presidente dell'Istituto Nazionale di Studi Etruschi e Italici, Chiara Innocenti, allora Assessore alla Cultura della Provincia di Pistoia, Gen. D. Antonio De Vita, Comandante dell'Istituto Geografico Militare, Fulvia Lo Schiavo, allora Soprintendente per i Beni Archeologici della Toscana, Ivano Paci, Presidente della Fondazione Cassa di Risparmio di Pistoia e Pescia, Claudio Rosati, allora Dirigente del Settore Musei ed Ecomusei della Regione Toscana, e Natale Rauty della Società Pistoiese di Storia Patria, alla cui memoria oggi sono dedicate queste pagine.

Natale Rauty, seppur con il rammarico per l'esclusione del Medioevo dal piano di ricerca della *Carta archeologica*, manifestò la sua viva soddisfazione per la conclusione di un'opera di cui da anni si sentiva il bisogno e che rendeva merito, tra l'altro, anche a una serie di suoi studi, congetture, notizie che nel corso della lunga attività

---

[1] P. PERAZZI, *Carta archeologica della provincia di Pistoia*, ed. Istituto Geografico Militare, Firenze 2010.

di studioso avevano fornito un importante contribuito alla ricostruzione non solo della città medievale, argomento principe delle sue ricerche, ma anche della storia più antica della città e dell'intero territorio pistoiese.

La Carta archeologica pubblicata nel 2010 ha fatto seguito ai lontani lavori di Nora Nieri, Anna Custer e Filippo Magi[2] che alla fine degli anni '20 del XX secolo si occuparono del territorio pistoiese nell'ambito del progetto nazionale per la Carta archeologica d'Italia curato dal Ministero della Pubblica Istruzione e dall'Istituto Geografico Militare. Quelle prime carte in scala 1:100.000 furono aggiornate nel 1958 limitatamente al solo foglio 105 di Lucca a cura di Aldo Neppi Modona[3].

Ponendosi nel solco di quella fruttuosa collaborazione tra il ministero e l'istituto fiorentino, la nuova Carta archeologica ha voluto fare ancora riferimento all'Istituto Geografico Militare sia per l'acquisizione delle basi cartografiche della nuova serie aggiornata, sia per la stampa del volume.

Il progetto di ricerca che ha preceduto la pubblicazione, messo a punto e finanziato dalla Soprintendenza per i Beni Archeologici della Toscana a partire dal 2003, ha avuto come obiettivi primari la sistematizzazione dei dati noti, valutati criticamente, e la pubblicazione dell'inedito per offrire una sintesi aggiornata di tutte le notizie utili alla ricostruzione dell'occupazione territoriale dell'area pistoiese dalla Preistoria all'Età antica.

La moltitudine disorganica delle notizie disponibili, spesso poco note o edite in pubblicazioni di limitata circolazione, è stata censita, documentata, verificata e sistematizzata, tramite l'analisi delle fonti documentarie e il censimento dei depositi di reperti archeologici, ottenendo così, attraverso l'incrocio dei dati, un elenco che includesse ogni possibile sito segnalato. Il successivo controllo

---

[2] *Edizione archeologica della Carta d'Italia al 100.000, Foglio 105, Lucca*, a cura di A. CUSTER - N. NIERI, Firenze 1929; *Edizione archeologica della Carta d'Italia al 100.000, Foglio 106, Firenze*, a cura di F. MAGI, Firenze 1929; *Edizione archeologica della Carta d'Italia al 100.000, Foglio 97, S. Marcello Pistoiese*, a cura di N. NIERI, Firenze 1930; *Edizione archeologica della Carta d'Italia al 100.000, Foglio 98, Vergato*, a cura di N. NIERI, Firenze 1930.

[3] *Edizione archeologica della Carta d'Italia al 100.000, Foglio 105, Lucca*, nuova edizione a cura di A. NEPPI MODONA, Firenze 1958.

sul campo dell'esistenza e dell'entità delle reali emergenze archeologiche ha permesso di mappare 192 presenze, molte delle quali sono state localizzate e georeferenziate e compaiono nel ricco apparato cartografico che accompagna la pubblicazione: un quadro d'insieme 1:100.000 (fig. 2) e dettagli delle sezioni 1:25.000 per ognuno dei ventidue Comuni, con ingrandimenti in caso di alta densità dei siti (fig. 3). Tenuto conto delle esigenze di pianificazione territoriale i punti sono riportati anche sulla Carta Tecnica Regionale che è consultabile per stralci nel testo del volume e su un CD-ROM allegato.

Dallo studio analitico dei siti descritti nelle singole schede[4] è stato possibile restituire omogeneità al quadro delle conoscenze per grandi fasce cronologiche: epoca preistorica, preromana e romana. Il risultato di questo lungo lavoro di studio è un panorama organico — più per alcuni periodi storici, forse meno per altri — che trasforma la visione archeologica del territorio avuta finora non solo dal punto di vista quantitativo ma, per certe fasi cronologiche, anche nella valutazione storica che risulta molto più approfondita che in passato.

Oltre a costituire una risorsa indispensabile per la conoscenza della storia del territorio pistoiese, la Carta archeologica può orientare e indirizzare future ricerche e analisi più approfondite rappresentando, nel contempo, uno strumento in grado di sostenere e di migliorare la tutela del patrimonio archeologico provinciale in rapporto alla trasformazione e alla pianificazione del territorio e a un suo più giusto utilizzo anche in termini di scelte future di valorizzazione.

Questo Natale Rauty aveva ben chiaro.

Ci ha onorato il suo sincero apprezzamento quando ha affermato che mettendo a disposizione questa gran mole di dati documentari, editi ed inediti, era stato reso un servizio alla città e alla provincia di Pistoia.

---

[4] Le schede dei siti sono costituite da una descrizione sintetica delle circostanze e della consistenza dei ritrovamenti, da rilievi e foto delle emergenze documentate e dei reperti mobili recuperati, nonché dalla bibliografia precedente e dalle segnature dei documenti di archivio inerenti al sito.

Di seguito nel testo citando i rinvenimenti pistoiesi per brevità si farà riferimento alle sole schede della Carta archeologica intendendo anche rinviare alla bibliografia precedente in esse contenuta.

Alla luce della revisione dei dati operata dalla Carta archeologica[5], Pistoia si conferma, a partire dall'epoca imperiale, l'unico sito di tipo urbano riconoscibile nel territorio provinciale preso in esame, sebbene con una forma ancora da chiarire, forse organizzata per livelli o terrazzi, privo di una cinta muraria e attraversato da un via lastricata, la cosiddetta *via Cassia*.

Da una prima occupazione tardorepubblicana dell'area settentrionale dell'attuale centro storico, la struttura urbana del *municipium pistoriense*, sembra estendersi anche a quella meridionale in un periodo successivo. Le testimonianze più significative si riferiscono all'epoca imperiale e comprendono, oltre a quelle già note della *domus* di Piazza del Duomo[6] (fig. 4), dell'Antico Palazzo dei Vescovi[7] (fig. 5)e di San Mercuriale[8] (figg. 6-7), dati inediti relativi a Vicolo Sant'Atto (giardino dell'ex Prefettura)[9] (figg. 8-9) e a Sant'Iacopo in Castellare[10] (fig. 10), nonché le stratigrafie recentemente emerse nel cortile di Palazzo de' Rossi[11] dove è stata riconosciuta un'importante area residenziale o mista con funzioni anche artigianali affacciata su una via glareata (fig. 11) e fornita di un pozzo (fig. 12).

La rilettura dei dati editi e lo studio di quelli inediti ha portato alcuni contributi significativi anche alla definizione delle vicende della conquista romana del territorio avvenuta, nell'ambito delle

---

[5] C. TADDEI, *Il popolamento di epoca romana*, pp. 77-103, in PERAZZI, *Carta archeologica*, cit.

[6] C. TADDEI, *Pt19-Pistoia, Piazza del Duomo*, in PERAZZI, *Carta archeologica*, cit., pp. 348-355.

[7] C. TADDEI, *Pt23-Pistoia, Piazza del Duomo, Antico Palazzo dei Vescovi*, in PERAZZI, *Carta archeologica*, cit., pp. 362-367.

[8] P. PERAZZI, *Pt 31-Pistoia, San Mercuriale*, in EAD., *Carta archeologica*, cit., pp. 383-385.

[9] EAD. - G. MILLEMACI - G. DE TOMMASO, *Pt 45-Pistoia, vicolo Sant'Atto, giardino della prefettura*, in PERAZZI, *Carta archeologica*, cit., pp. 411-419.

[10] EAD. - G. MILLEMACI, *Pt 33-Pistoia, Sant'Iacopo in Castellare*, in PERAZZI, *Carta archeologica*, cit., pp. 387-390.

[11] EAD. - G. MILLEMACI, *Pt 36-Pistoia, via de' Rossi, Palazzo de' Rossi (cortile)*, in PERAZZI, *Carta archeologica*, cit., pp. 394-400; G. MILLEMACI - P. PERAZZI, *Palazzo de' Rossi. Resti della città romana e medievale*, «Notiziario della Soprintendenza per i Beni Archeologici della Toscana», 5 (2009), pp. 175-176; IID., *Pistoia. Palazzo de' Rossi, prosecuzione dei saggi archeologici*, «Notiziario della Soprintendenza per i Beni Archeologici della Toscana» 6 (2010), pp. 153-154; IID., *Pistoia piazze e strade del centro storico. Palazzo de' Rossi*, «Notiziario della Soprintendenza per i Beni Archeologici della Toscana» vol. 8 (2012), pp. 226-232.

guerre liguri durante il II sec. a.C., con una progressiva occupazione delle zone pedemontane e delle pianure portata a termine coinvolgendo probabilmente anche gruppi liguri vinti (fig. 13). Piccoli siti rurali in età imperiale, ma forse anche in precedenza, punteggiano la pianura bonificata e divisa lungo un percorso pedemontano (Spedalino di Agliana, Santomato-Casa al Bosco, Pieve a Nievole), altri si attestano invece in montagna e sono collegati alle ampie proprietà fondiarie di pianura o alla viabilità transappenninica (Cireglio, San Marcello P.se)[12] (fig. 14).

[P.P.]

I resti della città romana

Lasciando sullo sfondo le aree rurali, si vuole concentrare l'attenzione sui paesaggi urbani così come sembrano delinearsi attraverso le tracce archeologiche alle quali si è fatto riferimento sopra.

Le possibili ricostruzioni che vengono proposte contengono, quasi tutte, un implicito omaggio all'attività professionale e di ricerca di Natale Rauty che nei suoi studi non trascurò mai le fasi antiche della città, ritenendole premessa fondamentale di quelle altomedievali che attraevano maggiormente i suoi interessi[13].

Nel paesaggio tardorepubblicano della piana Pistoia-Prato-Firenze Pistoia appare, pur nella foschia di una ancora incerta

---

[12] In generale: TADDEI, *Il popolamento*, cit, pp. 95-99; per il sito di Spedalino, Agliana: P. PERAZZI - G. MILLEMACI, *Ag3-Spedalino, via Settola*, in PERAZZI, *Carta archeologica*, cit., pp. 122-125; Pistoia, Santomato: C. TADDEI, *Pt52-Santomato, Casa al Bosco – Podere Calcinaia*, in PERAZZI, *Carta archeologica*, cit., pp. 429-430; Pieve a Nievole: G. MILLEMACI, *Pn8-Pieve a Nievole, via Cosimini-angolo via del Poggetto*, in PERAZZI, *Carta archeologica*, cit., pp. 284-286; G. MILLEMACI, *Pn9-Pieve a Nievole, via Cosimini, ex sugherificio Casadei*, in PERAZZI, *Carta archeologica*, cit., pp. 287-291; Cireglio: C. TADDEI, *Pt5-Cireglio*, in PERAZZI, *Carta archeologica*, cit., p. 316; EAD., *Pt8-Cireglio,Pupigliana*, in EAD., *Carta archeologica*, cit., p. 325; EAD., *Pt9-Cireglio, Selva Campiglio*, in EAD., *Carta archeologica*, cit., p. 326; G. MILLEMACI, *Pt7-Cireglio, Mumigliana*, in PERAZZI, *Carta archeologica*, cit., pp. 321-324; San Marcello: C. TADDEI, *Sm1-Basilica*, in PERAZZI, *Carta archeologica*, cit., pp. 443-446; C. TADDEI, *Sm2-Campotizzoro*, in PERAZZI, *Carta archeologica*, cit., p. 447; EAD., *Sm7-Maresca, Cerreta*, in EAD., *Carta archeologica*, cit., p. 452; EAD., *Sm13-Selva dei Porci*, in EAD., *Carta archeologica*, cit., p. 462.

[13] N. RAUTY, *Storia di Pistoia*, I, *Dall'alto Medioevo all'età precomunale. 406-1105*, Firenze 1988.

definizione della forma di abitato, come un piccolo centro, forse solo un villaggio, posto sull'ultimo lembo di un accumulo formato da conoidi di deiezione scivolati dalle valli appenniniche e affacciato sulla pianura alluvionale. Questa prima occupazione — o forse rioccupazione, successiva a frequentazioni di epoca etrusca che attendono ulteriori dati archeologici per una migliore comprensione[14] — rientra in un fenomeno di avanzamento degli insediamenti umani verso la pianura, a cui si è già fatto cenno, osservabile a conclusione delle guerre liguri anche in altre aree del territorio pistoiese: Agliana, Montale, Pieve a Nievole, Monsummano[15] (fig. 13).

In questa prima fase di occupazione del sito che diventerà l'attuale centro storico di Pistoia, si possono riconoscere, da un lato, nella zona meridionale un'area a vocazione agricola, individuata durante le indagini archeologiche nel sottosuolo dell'Antico Palazzo dei Vescovi, in Vicolo Sant'Atto e nella Piazza della Sala[16], e, dall'altro lato, nella zona settentrionale, un'area forse abitativa sondata con limitati saggi di scavo in Piazza del Duomo, in prossimità del Palazzo comunale e di Santa Maria Cavaliera, e in Piazza della Sapienza[17] (fig. 3). Le due zone erano separate da un considerevole salto di quota, che rese per un lungo periodo quella meridionale, più bassa, esposta ad alluvioni e inadatta all'insediamento abitativo[18].

---

14 G. MILLEMACI, *Il popolamento del territorio in epoca preromana*, in PERAZZI, *Carta archeologica*, cit., pp. 63-76.

15 TADDEI, *Il popolamento*, cit. pp. 82-86.

16 Per i primi due si veda sopra note nn. 6, 8; per la Piazza della Sala: P. PERAZZI - G. MILLEMACI - C. TADDEI, *Pt 24-Pistoia, Piazza della Sala*, in PERAZZI, *Carta archeologica*, cit., pp. 368-370.

17 G. MILLEMACI, *Pt 29-Pistoia, Ripa della Comunità*, in PERAZZI, *Carta archeologica*, cit., pp. 378-381; G. MILLEMACI, *Pt 25-Pistoia, Piazza della Sapienza*, in PERAZZI, *Carta archeologica*, cit., pp. 371-374; A. AGRESTI, *Vasco Melani e la riscoperta della Pistoia archeologica. Le indagini in piazza della Sapienza (1965-1968)*, «Bullettino Storico Pistoiese» CXIII (2011), pp. 165-175; ID., *Sul nastro magico dei secoli alla ricerca della vita perduta. Vasco Melani e la passione per le antichità* in A. AGOSTINI, *Vasco Melani, un intellettuale del fare*, Pistoia 2012, pp. 137-175.

18 Un primo contributo alla ricostruzione morfologica del terreno della piazza del Duomo è rintracciabile in G. CAPECCHI - G. DE TOMMASO, *Per la più antica storia della cattedrale pistoiese: l'area del duomo e le sue adiacenze. Contributo ad una comparazione stratigrafica del nucleo urbano di Pistoia romana*, «Bullettino Storico Pistoiese», LXXXIV (1982), pp. 7-36, al quale fece seguito la ricostruzione delle isoipse del centro storico proposta da Natale Rauty a premessa della sua storia di Pistoia (RAUTY, *Storia*, cit., p. 5 fig. 2).

Solo nella prima età imperiale sembra delinearsi un nucleo propriamente urbano, che può essere definito tale sia per la testimonianza delle fonti scritte sia per la presenza di certi elementi strutturali che rinviano all'esistenza di una comunità organizzata.

Le poche fonti letterarie ed epigrafiche inerenti Pistoia offrono argomenti molto limitati per definire la natura giuridica di questa comunità, inserita da Plinio nell'elenco delle città e dei popoli della *Regio VII Etruria* con il nome di *Pistorium*[19], nella quale si può forse riconoscere un *municipium* anche sulla scorta delle rarissime epigrafi note che ricordano la presenza di *quattuorviri*[20] (figg. 15-16).

Passando ad analizzare i resti materiali, individuati per il momento quasi esclusivamente all'interno del perimetro delle mura altomedievali[21] (fig. 3), si può notare che quegli elementi funzionali urbanistici che consentono di etichettare come urbano un centro abitato risultano abbastanza rari.

Prima di passare in rassegna tali resti, può essere utile richiamare quegli elementi funzionali che contraddistinguono una città romana attingendo alla trattatistica antica[22] e alle acquisizioni ar-

---

19 Per le attestazioni e le varianti del toponimo antico (*ager pistoriensis, Pistorium, Pistoris,* Πιστορια) si veda *Realencyclopädie der classischen Altertumswissenschaft*, a cura di A. PAULY - G. WISSOWA, Stuttgart 1893-1980, vol. XX, 2, col. 1833; G. RADCHE, *Pistoriae*, in *Der Kleine Pauly Lexicon der Antike*, vol. 4, a cura di K. ZIEGLER - W. SONTHEIMER, München 1964, p. 871.

20 Si tratta di due stele provenienti dall'area urbana: una di arenaria forse reimpiegata in epoca successiva (G. CAPECCHI, *Invenzioni, dubbi e ipotesi, certezze. La ricerca delle antichità etrusche e romane nel territorio pistoiese fino alle prime Carte Archeologiche*, in PERAZZI, *Carta archeologica*, cit., p. 36), dedicata a un *Lucius Baebius*, iscritto nella tribù Velina, che ricoprì la carica di *quattuorvir iure dicundus* (fig. 15) (C. TADDEI, *Pt28 – Pistoia, prima cerchia (?)*, in PERAZZI, *Carta archeologica*, cit., p. 376-377) e un frammento di lastra di alberese con la menzione di un *quattuorvir quinquennalis* (fig. 16) (C. TADDEI, *Pt16 – Pistoia, Cattedrale*, in PERAZZI, *Carta archeologica*, cit., p. 344).

21 L'andamento delle mura altomedievali è stato congetturato, sulla sola base dei documenti di archivio, da Natale Rauty (N. RAUTY, *Il regno longobardo e Pistoia*, Pistoia 2005, p. 15, fig. 13) ed è stato meglio definito per quanto riguarda il settore orientale da Silvia Leporatti (S. LEPORATTI, *Il potenziale archeologico del San Mercuriale a Pistoia e l'abitato medievale attorno alla Porta Guidi (secc. XI-XIII)*, in *Atti del VI congresso nazionale di archeologia medievale, L'Aquila, 2012*, Firenze 2012, pp. 729-734.

22 Un elenco dettagliato è ricavabile dal *De Architectura* di Vitruvio (P. GROS - M. TORELLI, *Storia dell'urbanistica. Il mondo romano*, Roma - Bari 1988, p. 158; *Marco Vitruvio Pollione, De Architectura*, a cura di P. GROS, traduzioni di A.

cheologiche[23]. La città appare come uno spazio collettivo con una sua forma, delimitato spesso da mura, attraversato da strade in grado di collegare il singolo nucleo cittadino al più vasto organismo statale[24], con edifici e spazi sacri e civili come il foro con la basilica, l'erario, la prigione e la curia, e poi i teatri, i bagni, le palestre, i porti, gli acquedotti e i sistemi di controllo e di smaltimento delle acque. All'interno dello spazio collettivo sono definiti quindi gli spazi privati dove sono ospitate le funzioni residenziali, ma anche quelle produttive e commerciali.

Le aree destinate ai morti, le necropoli, sono anch'esse un indicatore[25] importante della presenza di un centro urbano al quale sono strettamente collegate, pur non essendo di per sé un fatto urbano dal momento che risultano rigorosamente collocate in aree extraurbane, in *loca religiosa* di proprietà pubblica o privata[26] ai lati delle strade o

---

CORSO - E. ROMANO, Torino 1997), dove sono passate in rassegna tutte le strutture utili alla vita associata dei *cives*: spazi pubblici, privati, servizi come le strade e gli acquedotti. L'importanza di questi due ultimi elementi urbanistici è rimarcata anche da un famoso passo della *Geografia* di Strabone (STRABO, *Geography*, vol. II, books 3-5, trad. ingl. H.L. JONES, Cambridge (MA) 1923, V, 3, 8, p. 406-407.).

[23] Quelle stesse unità funzionali urbane, ricordate dalle fonti sono riconoscibili in tutte le città romane e definiscono spesso le rubriche sotto le quali sono pubblicati i resti archeologici urbani. Si vedano a titolo di esempio i casi di Firenze e di Lucca: E. SCAMPOLI, *Firenze, archeologia di una città (secoli I a.C. - XIII d.C.)*, Firenze 2010, dove le emergenze archeologiche fiorentine sono elencate per raggruppamenti funzionali, viabilità, mura, edilizia pubblica e religiosa, fogne, area del foro ed edifici ad esso connessi, edifici religiosi, edifici termali e acquedotto, teatri e anfiteatri, edilizia privata e produttiva, impianti produttivi, necropoli; L. CAMIN - M. CARROZZINO - R. LEONARDI - A. NEGRI, *Nuove tecnologie per la conoscenza e la comunicazione di Lucca romana*, «Archeologia e Calcolatori», 21 (2010), pp. 49-73, (si veda anche < http://www.luccaromana.com >), dove si propongono simili raggruppamenti per i rinvenimenti lucchesi.

[24] N. TERRENATO, *The cultural Implications of the Roman Conquest*, in *Roman Europe*, a cura di E. BISPHAM, Oxford 2008 (The Short Oxford History of Europe), pp. 234-264, p. 256.

[25] La presenza di vaste necropoli collegabili a un centro urbano non individuato archeologicamente è un indicatore fondamentale per congetturare la localizzazione topografica del centro stesso. Si vedano ad esempio i criteri di definizione di "higher-order settlement" del progetto della Durham University curato da J. Sewell (J. SEWELL, *A new archaeological Database of Higher-order Settlements on the italian Peninsula – 350 BCE-300 CE –*, sezione poster, LAC 2014: Third International Landscape Archaeology Conference, Roma 2014).

[26] G. MONTEVECCHI, *Ritualità funeraria fra il II secolo a.C. e il III secolo d.C.*

in aree non lontane dal centro di riferimento.

Senza voler entrare nella complessa problematica delle matrici culturali e delle motivazioni della diffusione nel mondo romano delle strutture ricordate sopra[27], si utilizzerà l'elenco appena stilato semplicemente come una sorta di *check list* per valutare il grado di urbanizzazione dell'antica *Pistoriae*.

Nell'area urbana è possibile riconoscere interventi di controllo delle acque e di bonifica del terreno costituiti da strati di livellamento e terrapieni messi in luce sia nel sottosuolo dell'Antico Palazzo dei Vescovi sia nella Piazza del Duomo, nelle fasi precedenti alla costruzione della *domus*, sia all'interno della Cattedrale[28]. Queste operazioni, insieme all'allestimento di canalizzazioni in laterizio e in pietra[29], resero più contenuto il rischio delle alluvioni nello spazio urbano dando luogo forse ad un'organizzazione della città per terrazze o livelli[30].

Tali ristrutturazioni dell'area cittadina trovano un riscontro anche nelle zone rurali, dove attraverso una rete di fossi si attuò una sistemazione idrica della pianura alluvionale che, insieme al controllo delle acque, consentì probabilmente anche la suddivisione del terreno in lotti da assegnare agli abitanti di *Pistoriae*, come proposto da Giulio Ciampoltrini[31] e come appare nell'ipotesi ricostruttiva presentata nell'*Atlante aerofotogrammetrico delle sedi umane* di Giulio Schmiedt (fig. 18)[32].

Accanto alle azioni, sin qui descritte, che ridisegnarono il contesto naturale sul quale veniva a insediarsi il centro abitato, appaiono

---

nell'area adriatica, Tesi di dottorato, Università degli Studi di Ferrara, ciclo XXII - 2010, pp. 17-25.

[27] Si veda N. TERRENATO, *The cultural implications of the Roman conquest*, in *Roman Europe*, cit., pp. 234-264.

[28] TADDEI, *Pt16*, cit.

[29] Canalette e tubazioni riferibili alle fasi romane e destinate probabilmente allo smaltimento delle acque sono state individuate nella Piazza del Duomo (PT10), nell'area di Palazzo de' Rossi (PERAZZI - MILLEMACI, *Pt 36*, cit.), nel sottosuolo della Cattedrale (TADDEI, *Pt16*, cit.) e dell'Antico Palazzo dei vescovi (EAD., *Pt23*, cit.).

[30] CAPECCHI - DE TOMMASO, *Per la più antica storia*, cit.

[31] G. CIAMPOLTRINI, *Note sulla colonizzazione augustea dell'Etruria settentrionale*, «Studi Classici Orientali», XXXI (1981), pp. 41-54.

[32] G. SCHMIEDT, *Atlante aerofotogrammetrico delle sedi umane in Italia. La centuriazione romana*, Firenze 1989, tav. XXIX.

significative e durature le tracce dell'allestimento di strade. I siti di strada, riconosciuti per il momento in città, si presentano infatti come un fenomeno di lunga durata che li vede utilizzati, con momenti di abbandono e di ripresa, dal I secolo d.C. fino all'epoca medievale e per certi aspetti, nei casi di via degli Orafi e via della Torre, sino ad oggi.

Si tratta di tre assi stradali con andamento est-ovest e nord-est / sud-ovest che attraversano l'area urbana: due vie glareate portate alla luce, l'una, nel sito dell'Antico Palazzo dei Vescovi[33], l'altra, nei recenti scavi nell'area del Palazzo de' Rossi[34], ai cui lati, in entrambi i casi, si allineavano strutture con funzioni promiscue abitative e produttivo-artigianali; il terzo asse è invece un lastricato, forse preceduto da una possibile fase con pavimentazione acciottolata[35], rinvenuto al di sotto dell'odierna via degli Orafi, riconosciuto da Natale Rauty come tratto urbano della cosiddetta *via Cassia*[36] (fig. 19) e tradizionalmente ritenuto il decumano massimo. Questa strada costituisce senza dubbio un elemento primario della viabilità pubblica sia per la sua pavimentazione in lastre di pietra, che lo distingue dalle altre vie sinora note in città, sia per il collegamento ipotizzabile — secondo una proposta avanzata da Natale Rauty — con due infrastrutture extraurbane poste lungo la direttrice Firenze-Lucca: i ponti delle Seiarcole e di Pontelungo[37] (fig. 20).

La presenza di vie glareate all'interno dell'area urbana in epoca imperiale è un fatto rimarcabile che denuncia forse una limitata importanza dell'abitato stesso come si può ricavare dagli esempi ben

33 TADDEI, *Pt23*, cit. L'attuale via della Torre, che costeggia il fianco meridionale dell'Antico Palazzo dei Vescovi, può essere considerata il risultato dello spostamento del tracciato viario individuato al di sotto del palazzo stesso.

34 MILLEMACI - PERAZZI, *Palazzo de' Rossi. Resti*, cit.

35 I disegni del manufatto stradale eseguiti da N. Rauty potrebbero far pensare all'esistenza di più pavimentazioni stradali sovrapposte (N. RAUTY, *La via consolare Cassia attraverso Pistoia*, in «Bullettino Storico Pistoiese», LXVIII (1966), pp. 3-14; C. TADDEI, *Pt37-Pistoia, via degli Orafi*, in PERAZZI, *Carta archeologica*, cit., p. 401; EAD., *Pt38-Pistoia, via degli Orafi-via Bracciolini*, in EAD., *Carta archeologica*, cit., pp. 402-403).

36 N. RAUTY, *La via consolare*, cit.

37 P. PERAZZI, *Pt48-2 Pontelungo*, in EAD., *Carta archeologica*, cit., pp. 424-425; G. MILLEMACI, Pt53- *Sei arcole*, in PERAZZI, *Carta archeologica*, cit., pp. 431-432.

documentati della Cisalpina[38] e dei vicini centri di Lucca[39] e di Firenze[40].

Per quanto riguarda invece la viabilità urbana nord-sud non ne sono state riconosciute tracce sino ad oggi, lasciando priva di sicure conferme materiali l'ipotesi di una organizzazione ortogonale della città antica che Natale Rauty, ma anche Giulio Ciampoltrini, hanno congetturato osservando l'attuale andamento dei vicoli a nord della via degli Orafi[41].

Altri elementi funzionali alla vita urbana, edifici pubblici e religiosi, strutture di difesa e aree cimiteriali, o non sono stati riconosciuti o possono essere solo congetturati con grande approssimazione.

Di una possibile cortina difensiva, ad esempio, abbiamo una limitatissima e tarda testimonianza nel sito di San Mercuriale dove è stata portata alla luce una struttura muraria, datata entro la fine del V secolo, allestita anche con materiali di spoglio in posizione strategica sul limite naturale del conoide di deiezione sul quale insiste l'abitato antico. Questa emergenza, tuttavia, appare ad oggi isolata. Non se ne conoscono, infatti, ulteriori porzioni, sebbene nelle aree

---

[38] Numerose esemplificazioni sono offerte dai centri dell'Italia settentrionale dove le vie glareate sono presenti nei centri urbani fino ad epoca giulio-claudia per essere riservate alle sole aree extraurbane in seguito. Pavimentazioni stradali più accurate delle glareate si riscontrano anche in quei *municipia* lontani dalle cave di pietra o con limitate risorse economiche, o nei *vici* e nelle *mansiones* dove al posto dei basolati o lastricati si costruiscono non semplici glareate ma vie acciottolate, *via globosis saxis strata*, usando ciottoli di fiume disposti in modo serrato (M. MATTEAZZI, *Costruire strade in epoca romana: tecniche e morfologie. Il caso dell'Italia settentrionale*, «Exedra» 1 (2009), pp. 17-38: pp. 22, 23, 24). Le diverse pavimentazioni stradali — basolati, acciottolati e inghiaiate — potrebbero forse costituire gli indicatori di una gerarchia delle aree urbane, suburbane ed extraurbane come sembra indicare anche un passo di Livo (*ivi*, p. 19 e nota 12: TITI LIVI, *Ab urbe condita libri*, Pars IV, Libri XLI-CXLII, Fragmenta, a cura di W. WEISSENBORN - H.J. MÜLLER, Leipzig 1911, XLI, 27, 5, p. 55: «censores vias sternendas silice in urbe, glarea extra urbem»).

[39] G. CIAMPOLTRINI, *Lucca: le metamorfosi di una città romana. Lo scavo dell'area Banca del Monte di Lucca in via del Molinetto*, «I Segni dell'Auser», 5 (2009), p. 37; *Glarea stratae. Vie etrusche e romane della piana di Lucca*, a cura di ID., Firenze 2006.

[40] SCAMPOLI, *Firenze*, cit., pp. 19-21.

[41] RAUTY, *Storia di Pistoia*, cit. p. 5. CIAMPOLTRINI, *Colonizzazione*, cit., p. 55. L'ipotesi di un'organizzazione ortogonale della città è messa in discussione anche in G. MILLEMACI, in *Guida dei Musei dell'Antico Palazzo dei Vescovi di Pistoia*, in corso di stampa.

limitrofe, nel cortile di Palazzo de' Rossi e in Sant'Iacopo in Castellare, siano state portate a termine accurate indagini stratigrafiche cui
si è già fatto riferimento sopra.

Venendo adesso agli edifici pubblici non si può che rilevare ancora una volta la scarsità non solo dei loro resti, ma anche di possibili
indicatori della presenza di questi. I materiali edilizi di pregio risultano, infatti, rari: il ritrovamento di elementi marmorei si riduce,
ad esempio, a pochi frammenti erratici[42] o a ricordi tramandati da
vecchie notizie[43]; così anche le epigrafi si riducono a poche attestazioni andate perdute o rinvenute in circostanze non documentate o
reimpiegate nell'edilizia medievale[44]. Tra queste la memoria di una
dedica ad Alessandro Severo scoperta nella Cattedrale nel XVIII secolo[45] insieme a pavimenti marmorei e colonne, costituisce l'unico
indizio importante utile a ipotizzare l'esistenza di un edificio pub-
blico.

Per quanto riguarda le aree residenziali private, nella Piazza del
Duomo furono individuati i resti di una *domus* ristrutturata e tra-

---

42 Si vedano, oltre a un limitato frammento iscritto proveniente da via degli
Orafi (più avanti nota 44), un frammento di mensola in marmo erratico dagli scavi di San Mercuriale (TADDEI, *Il popolamento*, cit., p. 101, fig. 5); un frammento di
colonnina decorata a rilievo, reimpiegata in un edificio altomedievale individuato nel sottosuolo dell'Antico Palazzo dei Vescovi da dove provengono anche altri
due frammenti di marmo, un rellino di soglia e una base di pilastro, insieme ad altri frammenti di dimensioni ridotte e di uso incerto (G. CAPECCHI, *Materiale edile*,
in *L'antico Palazzo dei Vescovi*, II.1, *Indagini archeologiche*, a cura di G. VANNINI,
Firenze 1985, pp. 365-370; pp. 368, 371, fig. 168). Frammenti marmorei di piccole dimensioni sono stati individuati anche nelle indagini del Palazzo de' Rossi (dati
inediti gentile comunicazione di Giovanni Millemaci) e nello scavo di un forno da
calce in via Abbia Pazienza (G. MILLEMACI - P. PERAZZI, *Via Abbi Pazienza: resti della
città romana e medievale*, «Notiziario della Soprintendenza per i Beni Archeologici della Toscana» 7 (2011), pp. 165-166). Per molti dei materiali ora ricordati, per
altro, è probabile una provenienza da edifici privati di pregio, piuttosto che da edilizia pubblica.

43 TADDEI, *Pt16*, cit. p. 341; EAD., *Pt18-Pistoia, Le Stinche e Palazzo dal Gallo*,
in PERAZZI, *Carta archeologica*, cit., p . 347; TADDEI, *Pt22-Pistoia, Piazza del Duomo,
lato nord/area del Palazzaccio*, in PERAZZI, *Carta archeologica*, cit. p . 360.

44 Si vedano le epigrafi già ricordate (*supra* nota 20) alle quali si deve aggiungere una stele funeraria dedicata forse da una liberta Attilia al marito e al figlio
premorto (PERAZZI, *Pt31*, cit., p. 385, fig. 3), un piccolo frammento iscritto proveniente da via degli Orafi (TADDEI, *Pt37*, cit.) e un'iscrizione funeraria dalla Cattedrale
(EAD., *Pt16*, cit., p. 342).

45 TADDEI, *Pt16*, cit., p. 341.

sformata nel corso di un lungo periodo (dal I al III secolo d.C.)[46]. Altre strutture, forse residenziali, sono note nella stessa area attraverso notizie e memorie che a partire dal XVI secolo fino agli anni '50 del secolo scorso registrarono alcuni rinvenimenti fortuiti o non controllati di strutture murarie da riferire in alcuni casi ad edifici di un certo pregio[47].

Spostandoci al settore nord occidentale, nei siti di Sant'Iacopo in Castellare (Pt33) e di San Mercuriale (Pt31), si rilevano ancora le tracce di altre costruzioni di funzione tuttavia incerta collocabili in epoca imperiale. A questi si possono aggiungere le memorie, individuate da Lucia Gai negli archivi della famiglia De' Rossi, che documentano dettagliatamente il rinvenimento di varie «anticaglie» e di un bronzetto nel Prato di San Iacopino al momento della costruzione del Palazzo De' Rossi[48].

Altre notizie riferiscono dei rinvenimenti di una testina fem-

---

46 Si veda *supra* nota 6.

47 I*vi*; EAD., *Pt20-Pistoia, Piazza del Duomo, area fra la Cattedrale e il campanile*, in PERAZZI, *Carta archeologica*, cit., pp. 356-357.

48 L. GAI, *Il palazzo de' Rossi. Architettura e decorazione d'interno a Pistoia fra Sette e Ottocento*, «Storia locale», 11 (2008), pp. 14-120; pp. 6, 33, 35-37. Lucia Gai riporta dal *Taccuino per la Fabbrica de' Rossi*, redatto dal canonico Tommaso di Vincenzo de' Rossi, la memoria del ritrovamento, nel prato di San Iacopino, di un bronzetto, «un idoletto figurante il dio della guerra, protettore delle milizie, e fortezze, nominato il dio Marte. E infatti ivi anticamente era una fortezza, che diede nome al luogo di Castellare, qual fortezza rovinò per una terribile scossa di terremoto, seguita circa 200 anni avanti la nascita del Redentore, ed ivi erano le mura della città di Pistoia, avanti li suoi ingrandimenti. L'antichità di questo idoletto Marte è ragguardevole, essendo anni 2594 fino a questo corrente anno 1794. Questa statuetta, o idoletto Marte è stato considerato di gran valore dagli Antiquari, e fra questi [Francesco Ignazio] Merlini [Calderini] di Pistoia, quali fino lo stimarono a 100 zecchini, per qualità ben mantenute fino a' tempi presenti […] e degno di stare in qualche Galleria. E però il signore Pietro Rossi lo portò alla Galleria di S.A.R. in Firenze, dove per grazia singolare li fu reso, avendo grandissimo piacere di consegnarlo nella galleria privata della famiglia. Nell'orto poi di questa suddetta fabbrica sono state trovate varie anticaglie in diversi tempi, e nell'anno 1774 nel fare il fondamento del terreno furono trovate diverse monete, e fra queste una di Roma dell'imperatore Gordiano III ed il nipote, e nel rovescio un Marte guerriero, ma di poco valore». Come segnala Lucia Gai il bronzetto rinvenuto nel prato di San Iacopino è lo stesso di cui dette notizia nel 1903 Gherardo Nerucci riferendone il rinvenimento a una zona non precisata della città in un'abitazione di Pietro Rossi (G. MILLEMACI - C. TADDEI, *Pistoia*, in PERAZZI, *Carta archeologica*, cit., p. 307).

minile di marmo in via del Duca[49], di lacerti di pavimenti marmorei nella zona compresa tra la Piazza del Duomo, San Mercuriale e Piazza della Sapienza[50], cui si è già fatto in parte riferimento, e di tracce di edifici forse abitativi nel settore occidentale[51].

Rispetto all'elenco molto articolato delle unità funzionali urbanistiche enucleato sopra, le tracce pistoiesi utili a diagnosticare un'organizzazione compiutamente urbana, come si è visto, appaiono limitate, malgrado le indagini archeologiche più recenti abbiano fornito numerosi singoli elementi ben scavati e documentati.

Le emergenze più consistenti, ad oggi, sono le strade e l'edilizia privata e produttiva. Le cospicue assenze riguardano invece la quasi totalità delle funzioni socio-politiche: il foro, le terme, il teatro, le aree cimiteriali. Questi vuoti possono trovare parziali giustificazioni nell'abbandono che la città subì tra III e IV secolo o nelle distruzioni dell'inizio del V secolo[52]. La città antica inoltre fu sicuramente utilizzata come cava di materiale per la costruzione della città medievale come testimoniano i numerosi reimpieghi cui si è fatto già riferimento[53]. Oltre a ciò è anche probabile che il centro abitato abbia avuto un'urbanizzazione ridotta e sia stato privo di mura, almeno fino ad epoca tardo antica, nonché di grandi strutture monumentali. *Pistoriae* fu un *oppidum* come appare definita nel libro XXVII delle *Res Gestae* di Ammiano Marcellino[54], costituì un utile punto di

---

49 C. TADDEI, *Pt40-Pistoia, via del Duca*, in PERAZZI, *Carta archeologica*, cit., p. 405.

50 Si veda *supra* nota 43.

51 C. TADDEI, *Pt34-Pistoia, via Baglioni*, in PERAZZI, *Carta archeologica*, cit., p. 391.

52 TADDEI, *Il popolamento*, cit., pp. 100-103; F. CANTINI, *La Tuscia settentrionale tra IV e VII secolo: nuovi dati archeologici sulla transizione*, in *La trasformazione del mondo romano e le grandi migrazioni. Nuovi popoli dall'Europa settentrionale e centro-orientale alle coste del Mediterraneo*, Atti del Convegno internazionale di studi, Cimitile-Santa Maria Capua Vetere, 2011, Cimitile (Napoli) 2012, a cura di C. EBANISTA - M. ROTILI, pp. 163-175, anche in formato digitale: < www.retimedievali.it >.

53 Su questo argomento si veda anche G. MILLEMACI, *Reimpieghi di antichità ed interessi antiquari a Pistoia e in Toscana fra Medioevo e Rinascimento*, «Bullettino Storico Pistoiese», CVIII (2006), pp. 51-76.

54 AMMIANO MARCELLINO, *Res Gestae*, XXVII, 3, 1-2 (J. DEN BOEFT - J.W. DRIJVERS - D. DEN HENGST - H.C. TEITLER, *Philological and historical Commentary on Ammianus Marcellinus XXVII*, Leiden - Boston, 2009, pp. 34-43), «Oppidum pistoriense»: il passo è stato oggetto di numerose interpretazioni specialmente riguardo

passaggio lungo i percorsi verso la Liguria o verso l'Emilia come indicano gli itinerari[55] e fu in grado di costituire un riferimento per il territorio circostante, come dimostrerebbe l'organizzazione degli insediamenti minori nelle zone limitrofe della pianura e della montagna[56] e, alla fine, l'istituzione di una sede vescovile proprio in questo luogo a partire forse dal V secolo[57].

[C. T.]

alla complessa definizione cronologica e istituzionale della *Tuscia Annonaria* di cui il passo costituisce la prima attestazione. A questo riguardo si rimanda al contributo di T. BRACCINI, *A margine della Carta archeologica e di un recente commento ammianeo*, apparso nella sezione "Rassegne e dibattiti" del «Bullettino Storico Pistoiese», CXIII (2011), pp. 161-164; tra i ricchi riferimenti bibliografici offerti dall'autore si segnala in particolare: DEN BOEFT - DRIJVERS - DEN HENGST - TEITLER, *Philological and historical Commentary on Ammianus Marcellinus XXVII*, cit.

Su questo tema si veda anche C. LA ROCCA, *La formazione di nuove identità sociali, etniche e religiose tra V e VIII secolo* in *Arezzo nel Medioevo*, a cura di G. CHERUBINI - F. FRANCESCHI - A. BARLUCCHI, Roma 2012; pp. 15-24, dove la definizione di *Tuscia annonaria* è attribuita ad una suddivisione amministrativa di breve durata attestata nel V secolo con una ripresa del termine in ambito ecclesiastico nel VI secolo. Nella letteratura archeologica il termine è stato impiegato per designare la Toscana settentrionale in epoca tardoantica: G. CIAMPOLTRINI, *Traffici e consumi ceramici nella valle del Serchio in età teodosiana*, in LRCW3. *Late Roman Coarse Wares, Cooking Wares and Amphorae in the Mediterranean Archaeology and archaeometry. Comparison between western and eastern Mediterranean*, I, a cura di S. MENCHELLI - S. SANTORO - M. PASQUINUCCI - G. GUIDUCCI, «BAR» International Series 2185 (I), 2010, pp. 319-328; p. 319; CANTINI, *La Tuscia*, cit., p. 164; A. BENVENUTI, *Stratigrafie della memoria: scritture agiografiche e mutamenti architettonici nella vicenda del "complesso cattedrale" fiorentino*, in D. CARDINI, *Il bel San Giovanni e Santa Maria del Fiore. Il centro religioso di Firenze dal tardo antico al Rinascimento*, Firenze 1996, p. 102.

[55] A.P. MOSCA, *Un sistema stradale romano tra Roma e Firenze*, Firenze 2002 (Accademia toscana di Scienze e lettere "La Colombaria" con la collaborazione di I.G.M., Studi, CC); pp. 13-19.

[56] TADDEI, *Il popolamento*, cit.

[57] RAUTY, *Storia di Pistoia*, cit., pp. 30-32.

IMMAGINI

Fig. 1 – Presentazione della Carta archeologica della provincia di Pistoia, Sala sinodale dell'Antico palazzo dei Vescovi di Pistoia: da sinistra Natale Rauty, Claudio Rosati, Ivano Paci, Chiara Innocenti, Giovannangelo Camporeale, Fulvia Lo Schiavo, Antonio De Vita.

Fig. 2 – Carta archeologica della provincia di Pistoia scala 1:100.000 [realizzazione grafica di P. Machetti - M. Faccone (Tecsette srl, Firenze) in PERAZZI, *Carta archeologica*, cit.]

Fig. 3 – Ingrandimento del centro storico di Pistoia [realizzazione grafica di P. Machetti - M. Faccone (Tecsette srl, Firenze)] in PERAZZI, *Carta archeologica*, cit.): Pt16 - Cattedrale; Pt18 - Le Stinche e Palazzo dal Gallo; Pt19 - Piazza del Duomo (scavi 'Pellegrini'); Pt20 - Piazza del Duomo, area tra la Cattedrale e il campanile; Pt21 - Piazza del Duomo, area nord-ovest; Pt22 - Piazza del Duomo, lato nord/area del Palazzaccio; Pt23 - Piazza del Duomo, Antico Palazzo dei Vescovi; Pt24 - Piazza della Sala; Pt25 - Piazza della Sapienza; Pt29 - Ripa della Comunità; Pt30 - Ripa del Sale; Pt31 - San Mercuriale; Pt33 - Sant'Iacopo in Castellare; Pt34 - via Baglioni; Pt35 - via de' Rossi; Pt36 - via de' Rossi, Palazzo de' Rossi (cortile); Pt37 - via degli Orafi; Pt38 - via degli Orafi-via Bracciolini; Pt40 - via del Duca; Pt42 - via di Stracceria; Pt43 - via San Matteo; Pt45 - vicolo Sant'Atto, giardino dell'ex Prefettura

Fig. 4 – *Domus* di Piazza del Duomo, 'stanza' A in corso di scavo (da TADDEI, *Pt19*, cit.)

Fig. 5 – La via glareata nell'Antico Palazzo dei Vescovi in verde (fase V - fine I sec. d.C. Inizio III sec. d.C.) (da TADDEI, *Pt23*, cit.)

Fig. 6 – San Mercuriale posizionamento dei resti archeologici all'interno dell'ex convento: (A) muratura di epoca romana in laterizi, (B) struttura muraria tardoantica, (C) struttura muraria altomedievale con torre avanzara cd. prima cerchia muraria, (D) muratura del monastero medievale (da PERAZZI, *Pt31*, cit. - *disegni di Silvia Ferranti*)

Fig. 7 – San Mercuriale, particolari (nn. 1-2) e prospetto (n. 3) delle murature (A) e (B) [da PERAZZI, *Pt31*, cit. (*disegni di Francesca Curti e Alessandra Ristori rielaborati da Silvia Ferranti*)]

Fig. 8 – Vicolo Sant'Atto, posizionamento delle strutture archeologiche nel giardino della ex Prefettura (n. 1); pianta generale dell'area di scavo (n. 2) (da PERAZZI, *Pt45*, cit.)

Fig. 9 – Vicolo Sant'Atto, area di scavo (da PERAZZI, *Pt45*, cit.)

Fig. 10 – Sant'Iacopo in Castellare (da PERAZZI - MILLEMACI, *Pt 33*, cit.)

Fig. 11 – Palazzo de' Rossi (cortile), la via glareata (da MILLEMACI - PERAZZI, *Pt36*, cit.)

Fig. 12 – Palazzo de' Rossi (cortile), il pozzo (da MILLEMACI - PERAZZI, *Pt36*, cit.)

Fig. 13 – Carta di distribuzione dei siti di epoca repubblicana nel territorio della provincia di Pistoia (in rosso in siti di cultura ligure, in verde i siti romani).
Agliana:1. Spedalino, via Settola. Lamporecchio: 1. Fabbrichelle di Cerbaia. Marliana: 1. Avaglio; 2. Casore del Monte; 3. Serra; 4. Vicciana. Massa e Cozzile: 1. Confittori. Monsummano T.me: 1. Bizzarrino; 2. Pievaccia di Vaiano; 3. San Paolo-Pozzarello, Villa Bardelli. Montale: 1. Montale Alto, via Curtatone; 2. Poggio Vizzano. Montecatini T.me: 1. Monte a Colle; Pescia:1. Pian d'Ara; Pieve a Nievole: 1. Pieve a Nievole, Pieve di San Marco; 2. Pieve a Nievole, via del Poggetto; 3. Pieve a Nievole, via Cosimini; 4. Proprietà Marasti e Bertocci; 5. Vergaiolo, Maneggio Miniati. Pistoia: 1. Pistoia (Antico Palazzo dei Vescovi, Piazza della Sapienza, Ripa della Comunità, vicolo Sant'Atto). San Marcello P.se: 1. Campo Tizzoro; 2. Maresca, Cerreta; 3. Selva dei Porci. (da TADDEI, *Il popolamento*, cit.)

Fig. 14 – Carta di distribuzione dei siti di epoca imperiale (in verde) e tardoantica (in azzurro) nelle territorio della provincia di Pistoia.
Agliana: 1. Agliana, via della Costituzione; 2. Agliana, via Lame; 3. Spedalino, via Settola. Larciano: 1. Poggio Bagnolo, Bosco Brugnana. Marliana: 1. Virle. Monsummano T.me: 1. Pievaccia di Vaiano; 2. San Paolo-Pozzarello, Villa Bardelli. Montale: 1. Stazione, via W. Tobagi. Pescia: 1. Castelvecchio; 2. Fontanacce di Medicina; 3. Monzone; 4. Poggio di Speri. Pieve a Nievole: 1. Pieve a Nievole, Pieve di San Marco; 2. Pieve a Nievole, via dei Pini; 3. Pieve a Nievole, via del Poggetto; 4.-5. Pieve a Nievole, via Cosimini; 6.

Pieve a Nievole, via Milano; 7. Proprietà Marasti e Bertocci; 8. Vergaiolo, Maneggio Miniati. Pistoia: 1. Cireglio, chiesa di San Pancrazio; 2. Cireglio, Mumigliana; 3. Germinaia; 4. Pistoia (Cattedrale, Piazza del Duomo, Antico Palazzo dei Vescovi, Piazza della Sala, San Pietro, via de' Rossi, via degli Orafi, via Bracciolini); 5. Pistoia (Piazza del Duomo, Piazza della Sapienza, Ripa della Comunità, San Mercuriale, Sant'Iacopo in Castellare, vicolo Sant'Atto); 6. Pontelungo; 7. Sei Arcole; 8. Santomato, Casa al Bosco. San Marcello: 1. Basilica. (da TADDEI, *Il popolamento*, cit.)

Fig. 15 – Stele di Lucio Baebio (da TADDEI, *Pt28*, cit., foto Aurelio Amendola, cortesia del Museo Civico di Pistoia)

Fig. 16 – Frammento di stele rinvenuto nella Cattedrale (da RAUTY, *Storia di Pistoia*, cit.)

Fig. 17 – Pianta del centro storico di Pistoia con curve di livello (da RAUTY, *Storia di Pistoia*, cit.)

Fig. 18 – Ricostruzione ipotetica delle divisioni agrarie di epoca romana nel territorio orientale pistoiese (da SCHMIEDT, *Atlante aerofotogrammetrico delle sedi umane in Italia. La centuriazione romana*, cit.)

Fig. 19 – L'asse viario di via degli Orafi, resti del lastricato stradale: sezione (n. 1), foto (n. 2), pianta (n. 3) (da RAUTY, *Storia di Pistoia*, cit.)

Fig. 20 – Ricostruzione della viabilità principale urbana ed extraurbana di epoca romana, asse est-ovest (RAUTY, *La via consolare Cassia*, cit.)

Fig. 1

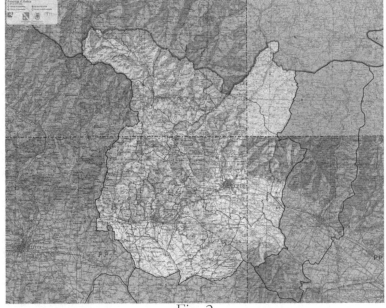

Fig. 2

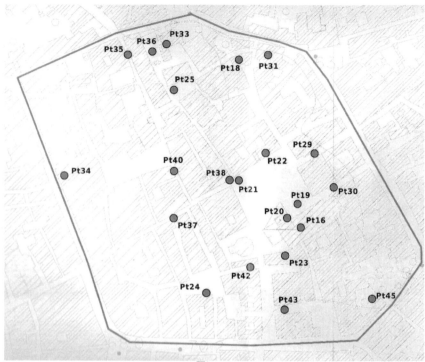

Fig. 3

Fig. 4

Fig. 5

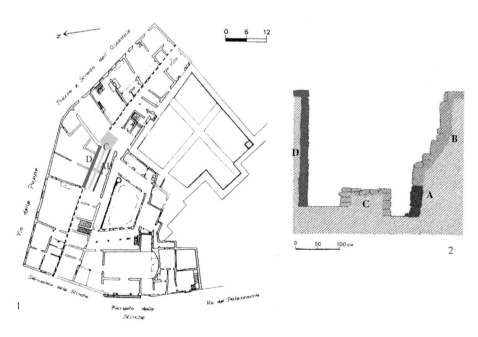

Fig. 6

Fig. 7

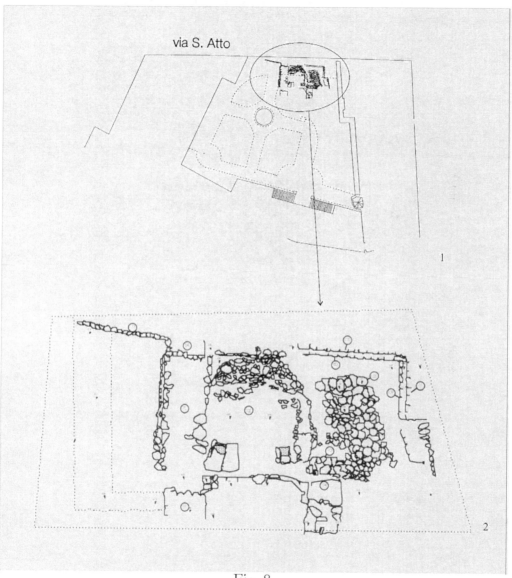

Fig. 8

Fig. 9

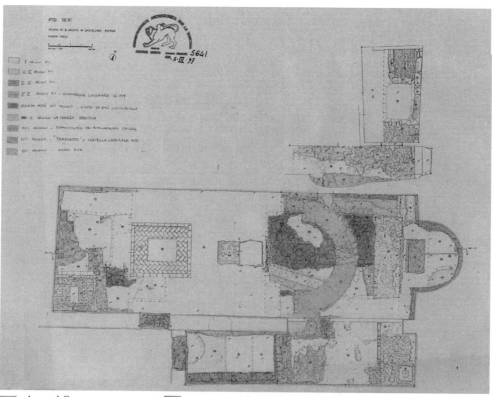

▨	1 sec. d.C.	▨	Seconda metà VIII sec. (cinta di età longobarda)
▨	II-III sec. d.C:	▨	XI sec. (chiesa primitiva)
▨	IV-V sec. d.C.	▨	XIII sec. (rifacimento e ampliamento della chiesa)
▨	IV-V sec. d.C. (fondazione circolare us 27)	▨	XIII sec. ("transetto" o cappella laterale sud)
		▨	XIV sec. (vano sud)

Fig. 10

Fig. 11

Fig. 12

Fig. 13

Fig. 14

Fig. 15

Fig. 16

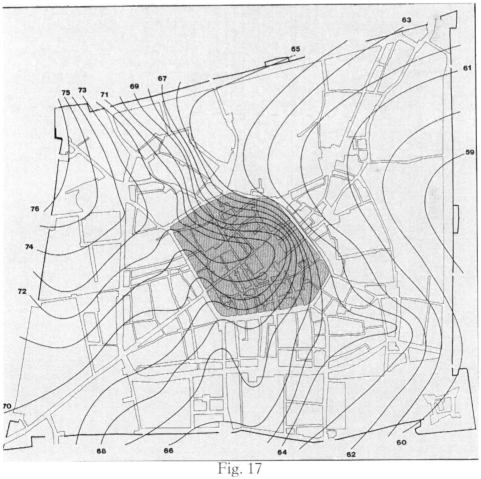

Fig. 17

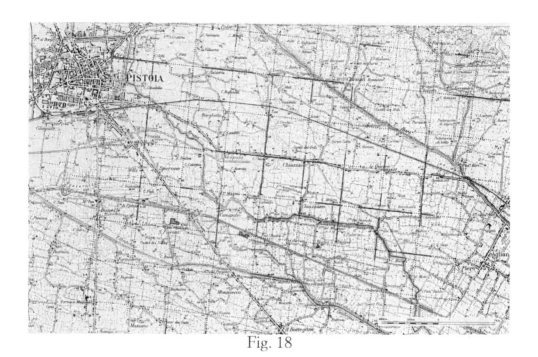

Fig. 18

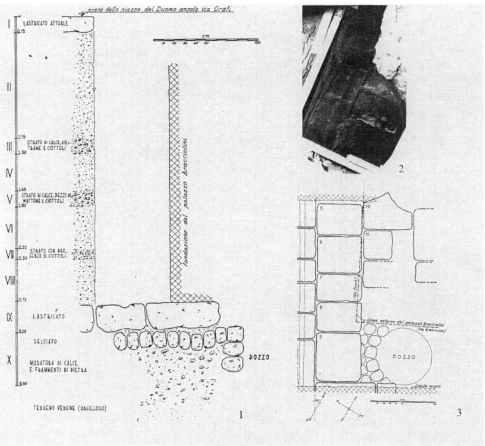

Fig. 19

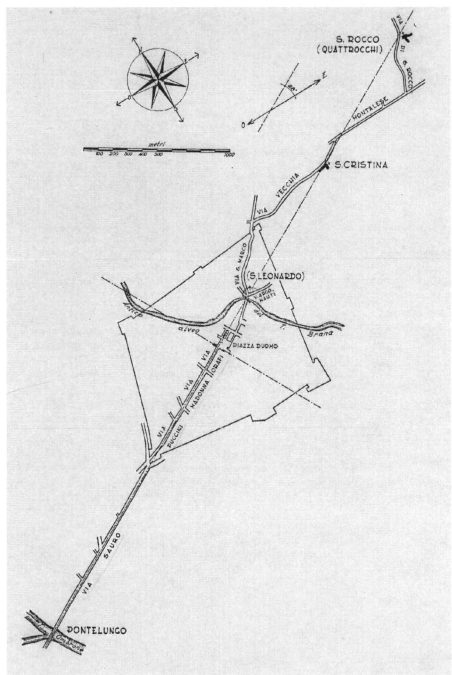

Fig. 20

Andrea Felici

SOPRAVVIVENZE CLASSICHE NELLA TOPONOMASTICA DEL TERRITORIO PISTOIESE*

Nell'uso moderno il termine *onomastica* (dal greco ονομαστικ ή [τέχνη], ovvero 'arte del denominare') si associa alla scienza che studia i nomi propri nel loro complesso, sia sul versante diacronico che sincronico. I nomi propri si possono distinguere in due macro-categorie, a loro volta divisibili in ulteriori sottogruppi: gli *antroponimi*, ovvero i nomi di persona, generalmente utilizzati per identificare un individuo rispetto al suo insieme; i *toponimi*, cioè i nomi di luogo, dei quali ci occuperemo in questo intervento in relazione al contesto pistoiese e agli studi di Natale Rauty[1].

Anche se i tentativi di trovare l'origine dei toponimi risultano assai antichi, il loro studio secondo criteri propriamente scientifici nasce nella seconda metà del XIX secolo con i lavori di Giovanni Flechia, linguista piemontese considerato il vero iniziatore di questo settore[2]. Il nome proprio geografico (sia esso di paese, regione,

* Ringrazio in apertura tutti coloro che sono stati coinvolti nell'organizzazione della Giornata di Studio del 26 settembre 2014, alla quale sono stato gentilmente invitato a intervenire, a partire dal dott. Paolo Nanni e dal prof. Giovanni Cherubini, Presidente del Centro Italiano di Studi di Storia e d'Arte di Pistoia. A questi aggiungo la prof.ssa Giovanna Frosini per i preziosi suggerimenti e l'aiuto offerto durante la preparazione e la stesura dell'intervento.

1 Nella sezione introduttiva farò costante riferimento agli studi compiuti in materia di onomastica da Carla Marcato, in particolare a: *La toponomastica*, in *I dialetti italiani. Storia, struttura, uso*, a cura di M. Cortelazzo - C. Marcato - N. De Blasi - G.P. Clivio, Torino, UTET, 2002, pp. 104-117; voci *Onomastica* e *Toponimi*, in *Enciclopedia dell'Italiano*, diretta da R. Simone, 2 voll., Roma, Istituto della Enciclopedia Italiana, 2010-2011; *Nomi di persona, nomi di luogo. Introduzione all'onomastica italiana*, Bologna, il Mulino, 2009.

2 Per cui rimando a G. Flechia, *Di alcune forme de' nomi locali dell'Italia superiore. Dissertazione linguistica*, Torino, Stamperia Reale, 1871; Id., *Note lessicali ed onomatologiche*, «Studj di filologia romanza», IX, 26 (1903), pp. 693-706.

città o piccolo centro abitato) si caratterizza per essere spesso di antica formazione, per il fatto di risalire a epoche remote, a lingue a volte diverse da quella attualmente parlata nel suo territorio d'origine, infine per essere trasmesso nel tempo e raramente sostituito. Di conseguenza, i toponimi si configurano per lo più come «segni linguistici opachi» (secondo la definizione di Carla Marcato)[3]: in più casi, cioè, non restituiscono a una prima lettura il loro significato d'origine, non presentando in modo chiaro quell'accezione che avevano quando si sono formati[4].

L'interesse per l'origine dei toponimi, in special modo di quelli *opachi*, ha da sempre coinvolto gli studiosi, compresi quelli non propriamente definibili come professionisti che, senza informazioni di tipo linguistico, si sono occupati dell'etimologia dei nomi di luogo, spesso con il desiderio di dimostrare e nobilitare le antiche origini di un paese. È bene considerare, comunque, che la ricerca etimologica richiede un metodo di indagine scientifico e tendenzialmente multidisciplinare: i toponimi non vanno studiati solo in funzione dell'etimologia, dato che in più casi la loro origine non è chiaramente determinabile, e comunque richiede una verifica attenta caso per caso. Nell'evoluzione dei toponimi non operano solo le leggi della linguistica, ma interagiscono altri e più complessi fattori legati all'oralità, all'evoluzione geografica e storica di un territorio. Carlo Alberto Mastrelli, a questo proposito, sosteneva, nella nota introduttiva al *Dizionario toponomastico di Sambuca Pistoiese*, che la ricerca toponomastica non era da considerarsi «affare esclusivamente dei linguisti», cosa che le attività di ricerca e di studio di Rauty provavano; e aggiungeva che la ricerca in tale settore «ha una valenza così altamente sociale che dovrebbe essere organizzata e gestita responsabilmente dagli enti amministrativi pubblici»[5]. Al di là di queste considerazioni fondamentali sulla necessità di un approccio multidisciplinare nello studio dei nomi di luogo, in cui sarebbe necessario anche un coinvolgimento diretto da parte delle istituzioni, resta il fatto che, sebbene i toponimi presentino spesso tratti sfug-

---

3 Cfr. MARCATO, *La toponomastica*, cit., , p. 105; EAD., *Toponimi*, cit.

4 Nella sezione introduttiva si fa costante riferimento, citandola non letteralmente, alla voce *Toponimi* in *Enciclopedia dell'Italiano*, cit.

5 C.A. MASTRELLI, *Nota sulla toponomastica di Sambuca Pistoiese*, in *Dizionario toponomastico del comune di Sambuca Pistoiese*, a cura di N. RAUTY, Pistoia, Società Pistoiese di Storia Patria, 1993, pp. 5-8, cit. p. 5.

genti e particolari, nel loro studio è sempre opportuno approfondire il versante semantico[6].

Solitamente un nome di luogo si mantiene attraverso il tempo e talvolta la sua forma si conserva immutata, soprattutto per i grandi centri (si pensi, ad esempio, ai casi di Roma o di Verona), ma spesso subisce modificazioni attraverso la trasmissione orale, di generazione in generazione, così come evolve una lingua parlata. Rispetto agli altri elementi che formano il vocabolario di una lingua, però, i nomi propri tendono a cambiare con maggiore lentezza e per tale ragione possono essere testimoni di forme antiche della lingua, utili non solo per ricerche storiche e geografiche, ma anche storico-linguistiche: con lo studio dei nomi di luogo è possibile delineare con precisione gli antichi insediamenti di popolazioni italiche prima della conquista romana (si considerino, per la zona toscana, quelli etruschi e germanici), e altrettanto si può fare riguardo alla latinizzazione del territorio e ai luoghi legati a popolazioni giunte nell'Alto Medioevo.

A questo proposito è opportuno fare riferimento alle edizioni di testi antichi — specialmente di area fiorentina e toscana — curate da Arrigo Castellani: queste, unite ai suoi studi sull'italiano antico, rappresentano una pietra miliare per tutti gli studiosi di filologia e di storia della lingua italiana, e si distinguono per l'attenzione rivolta alle fonti documentarie, in alcuni frangenti considerate — sia dalla storiografia che dalla linguistica — una sorta di materiale di second'ordine rispetto ai testi letterari. Tali fonti sono state oggetto di costante valorizzazione da parte di Castellani in quanto patrimonio inesauribile non solo di dati utili per risalire alla storia di un territorio, ma anche per la ricostruzione dei tratti linguistici dell'italiano nelle sue fasi più remote, trattandosi di scritture non sorvegliate e redatte in una lingua che può essere molto vicina a quella parlata. È importante ricordare come i lavori di edizione curati da Castellani siano spesso provvisti di adeguati indici di nomi propri, in più casi divisi in antroponimi e toponimi. Si citano, a questo proposito, le edizioni curate a partire degli anni Cinquanta: i *Nuovi testi fiorentini del Dugento* (Firenze, Sansoni, 2 voll., 1952), i *Testi sangimignanesi del secolo XIII e della prima metà del secolo XIV* (Firenze, Sansoni,

---

6 Si rimanda, per questo tema, anche a C.A. Mastrelli, *La toponomastica come disciplina storico-linguistica*, «Bullettino Storico Pistoiese», XCVI (1994), pp. 87-96.

1956); i *Saggi di linguistica e filologia italiana e romanza* (Roma, Salerno Editrice, 3 voll., 1982), corredati da un indice dei nomi propri a cura di Luca Serianni. Gli indici toponomastici, inoltre, si ritrovano puntualmente nelle edizioni curate da studiosi della scuola di Castellani, tra cui i *Testi pistoiesi della fine del Dugento e dei primi del Trecento* di Paola Manni, e l'edizione delle *Lettere* di Matteo Franco a cura di Giovanna Frosini (entrambi: Firenze, Accademia della Crusca, 1990).

Non a caso, oltre agli studi di linguisti e filologi, anche le opere storiografiche si sono avvalse costantemente di indici di nomi propri, a volte con distinzione tra antroponimi e toponimi. Si fa riferimento, nello specifico, all'opera di riscoperta e di studio del patrimonio documentario pistoiese compiuta da Natale Rauty: alle edizioni di testi antichi, spesso inediti, come quella dei *Regesta chartarum pistoriensium* (opera complessa, ripartita in più volumi, inaugurata con la prima edizione del 1973)[7]; o alle numerose pubblicazioni di carattere storiografico riguardanti prevalentemente il periodo medievale: tra queste si ricorda la *Storia di Pistoia*, I, *Dall'Alto Medioevo all'età precomunale. 406-1105* (Firenze, Le Monnier, 1988), oltre ai contributi editi all'interno dei *Quaderni del territorio pistoiese*[8]. L'interesse

[7] Si fa riferimento al primo volume *Alto Medioevo 493-1000*, Pistoia, Società Pistoiese di Storia Patria, 1973, a cui sono seguìti, sempre per lo stesso editore, *Vescovado. Secoli XI-XII* (1974), *Enti ecclesiastici e spedali. Secoli XI e XII* (1979), *Canonica di S, Zenone. Secolo XI* (1985), *Monastero di Forcole 1200-1250* (1990), *Cnonica di S. Zenone. Secolo XII* (1995). All'edizione dei *Regesta* si è accompagnata quella degli antichi statuti del comune di Pistoia: *Lo statuto dei consoli del comune di Pistoia. Frammento del secolo XII*, a cura di N. RAUTY - G. SAVINO (1977), *Statuti pistoiesi del secolo XII. Breve dei consoli [1140-1180] Statuto del podestà [1162-1180]*, a cura di N. RAUTY (1996). A questi si aggiungono ulteriori volumi che, pur non curati da Rauty, sono da collegare al quadro editoriale di antichi testi pistoiesi: per i *Regesta*: *Liber Censuum Comunis Pistorii. Regesto corredato di tre indici e preceduto da un'introduzione*, a cura di Q. SÀNTOLI, Pistoia, Officina Tipografica Cooperativa, 1915, *Monastero di San Salvatore a Fontana Taona Secoli XI e XII*, a cura di V. TORELLI VIGNALI, Pistoia, Società Pistoiese di Stoira Patria, 1999; per gli *Statuti*: *Statuti pistoiesi del secolo XIII*, 3 voll., a cura di R. NELLI - G. PINTO, Pistoia, Società Pistoiese di Stoira Patria, 2002.

[8] Di séguito gli interventi dai *Quaderni* dedicati ai comuni del territorio di Pistoia, sempre editi dalla Società Pistoiese di Storia Patria: *Agliana dalle origini all'età comunale* (1986), *Montale dalle origini all'età comunale* (1986), *Serravalle dalle origini all'età comunale* (1988), *Monsummano dalle origini all'età comunale* (1989), *Sambuca dalle origini all'età comunale* (1990).

per la toponomastica, d'altronde, è ben presente nell'opera di Rauty, che collaborò in più occasioni nella stesura di dizionari toponomastici, da quello già citato del Comune di Sambuca Pistoiese a quello delle alte valli della Brana, della Limentra e dell'Ombrone[9].

Nella imponente bibliografia dello studioso, la monumentale opera di edizione dei *Regesta* e degli *Statuti* riveste un'importanza particolare, alla luce del discorso appena fatto sulla centralità delle fonti documentarie nelle ricostruzioni storiche e storico-linguistiche. La collana dei *Regesta*, in particolare, si concentra sull'edizione di regesti delle pergamene pistoiesi o di interesse pistoiese e propone, in ciascun volume, indici di notari, antroponimi, toponimi e cose notevoli. È bene ricordare, a questo proposito, che la cospicua raccolta di pergamene un tempo conservate presso l'Archivio Capitolare (con date dall'857 al 1568) venne trasferita a Firenze per *motu proprio* del granduca Pietro Leopoldo alla fine del XVIII secolo, ed è ora consultabile (per i documenti datati fino al 1398) nel sito dell'Archivio di Stato di Firenze, che ha provveduto a digitalizzarli[10]. Tale materiale è stato oggetto di lunga e intensa attività di studio nelle edizioni dei *Regesta*: un'opera meritoria, corposa e di non semplice realizzazione. Lo stesso Rauty dichiarava, nell'introduzione al primo volume dedicato all'Alto Medioevo, che quella edizione avrebbe costituito il primo di una «serie ideale» di testi mirati a restituire agli studiosi «il pacco delle carte medievali pistoiesi relative ai più antichi secoli nei quali le pergamene sono [da considerarsi] la fonte unica o quasi, non soccorrendo, come per tempi meno remoti, libri di statuti, di cronache, di ricordi»[11]. «L'inizio della storiografia pistoiese», infat-

9 *Dizionario toponomastico delle alte valli della Brana, della Limentra e dell'Ombrone*, a cura di P. BALLETTI, Pistoia, Società Pistoiese di Storia Patria, 2009 (in cui si contano due interventi di Rauty: *L'antica viabilità trasappenninica attraverso le alte valli dell'Ombrone e della Brana*; e *Ricerche di toponomastica e topografia storica*).

10 Si rinvia, per approfondimenti sulle modalità di conservazione del fondo nel tempo, alla sezione *About* del sito dell'Archivio Capitolare di Pistoia:
< http://www.archiviocapitolaredipistoia.it >.
Le carte digitalizzate ad opera dell'Archivio di Stato di Firenze sono consultabili presso il portale dell'ente (< http://www.archiviodistato.firenze.it/pergasfi/ >), fondo *Pistoia, San Zenone*. Attualmente l'Archivio Capitolare possiede un diplomatico di 272 pezzi (con date dal sec. XIII al XX), per la maggior parte lascito testamentario del canonico Atto Maria Arferuoli Arfaruoli (1791).

11 N. RAUTY, *Introduzione*, in *Regesta chartarum pistoriensium. Alto Medioevo 493-1000*, cit., p. ix.

ti, comincia «laddove si può dire che finisce, in senso autonomo, la storia di Pistoia»[12], e cioè con le *Storie pistoresi*: opera di anonimo, attribuita da Alessandro Chiappelli a Rustichello de' Lazzari, contenente la cronaca degli eventi accaduti in città nella prima metà del XIV secolo[13]. La citazione da Rauty si collega direttamente alle considerazioni sull'importanza delle fonti documentarie: per ricostruire la storia della città nella sua integrità era necessario compiere una fondamentale operazione di riscoperta e studio delle fonti dirette, e quindi delle cosiddette *pergamene pistoresi*: un insieme particolarmente cospicuo di documenti, redatti tra l'VIII e il XIII secolo e in parte inediti, dislocati, oltre che a Pistoia, in svariati archivi italiani e stranieri (tra cui spicca — come si è detto — il fondo dell'Archivio di Stato di Firenze). Si tratta perlopiù di *memoranda* e documenti notarili, scritti in un latino medievale non facilmente definibile entro precisi confini grammaticali. Come afferma Pär Larson nell'introduzione al suo *Glossario diplomatico*[14], sono molti i testi in latino medievale a offrire esempi di scritture solo apparentemente latine, e tali in quanto adattate dalla lingua volgare. Molti documenti di ordine pratico e amministrativo (quali atti notarili, inventari di spesa, conti, registrazioni di pagamenti) dimostrano di essere scritti in una lingua ibrida, generata dalla somma di costruzioni sintattiche oramai volgari e moduli grammaticali ancora latini. La mescolanza di latino e volgare di questi testi o, potremmo dire, l'uso del volgare "travestito in latino", va considerato normale nelle carte alto-medievali, che rappresentano, sotto il profilo storico-linguistico, fonti altrettanto preziose dei documenti interamente e propriamente in volgare. È bene ricordare, infatti, che la coscienza linguistica, il livello di permeabilità fra una lingua e l'altra avevano frontiere assai diverse da quelle che conosciamo dall'età umanistica in poi. Dunque, con la dovuta attenzione e cautela, queste scritture possono e debbono essere considerate anche per studi sull'italiano antico.

Per dare una nota costruttiva a questo contributo sulla topono-

---

12 *Ivi*.

13 *Storie Pistoresi MCCC-MCCCXLVIII*, Ristampa anastatica dell'edizione di S.A. Barbi (1907-1927), a cura di R. Nelli, Pistoia, Società Pistoiese di Storia Patria, 2011.

14 P. Larson, *Glossario diplomatico toscano avanti il 1200*, Firenze, Accademia della Crusca, 1995, per il quale si rimanda particolarmente alle pp. vii-viii dell'introduzione.

mastica di Pistoia, ci si rivolgerà, sulla scorta degli esempi di Rauty e Castellani, a documenti tuttora inediti, scritti in un latino avvicinabile a quello dei regesti e degli statuti, custoditi nel cospicuo fondo dell'Archivio Capitolare di Pistoia. Una parte, pur piccola, del materiale consultabile in archivio è stata digitalizzata e messa in libera consultazione presso il sito dell'ente, recentemente ristrutturato e messo in rete in una nuova veste grazie al lavoro compiuto sotto la direzione del Direttore Stefano Zamponi e con la collaborazione di Michaelangiola Marchiaro. All'interno del sito è possibile accedere a sezioni specifiche dei fondi dell'Archivio complete di schede descrittive e, in alcuni casi, di riproduzioni digitali dei manoscritti. Tra i fondi documentari più rilevanti vi sono i registri relativi alla Sacrestia di San Zeno (secc. XIV-XIX), i registri del cosiddetto Dazio romano, le *Rationes decimarum* (1348-1782) e i registri della *Massa canonici* (1290-1794), che si pongono come fonti straordinarie della vita economica del territorio, nonché dell'articolazione degli insediamenti religiosi nella diocesi. Tali registri si riferiscono all'amministrazione della vita quotidiana della piccola comunità dei canonici di San Zeno e documentano con esattezza la realtà della città e del territorio di Pistoia in termini di vita sociale, religiosa ed economica; costituiscono, inoltre, una documentazione eccezionale della lingua volgare dell'epoca (anche nei registri redatti in latino o, comunque, dove il latino è presente, perché si tratta, come si diceva, di un latino fortemente contaminato dagli elementi fono-morfologici del volgare). Assieme a varie informazioni di carattere storiografico emerge una straordinaria documentazione dei nomi di luogo e di persona, estremamente puntuale in quanto legata agli affitti e alle decime riscossi dai canonici. Di questo fondo sono i registri della serie F, dall'F4 all'F15, compresi fra gli estremi cronologici 1290-1334, a rivestire interesse particolare, anche perché si tratta di testi inediti, non inclusi nell'edizione di *Testi pistoiesi* curata da Paola Manni.

Si passerà in rassegna, pertanto, parte dei nomi di luogo citati nelle annotazioni del fascicolo 4, catalogato come *Memoria afficti canonice Sancti Zenonis*, la cui riproduzione digitale è liberamente consultabile all'interno del sito (si propongono due riproduzioni del documento con le figure 1 e 2)[15]. Datato 1290, il fascicolo 4 si com-

---

[15] Alla pagina < http://www.archiviocapitolaredipistoia.it >, presso la sezione *Materiali online > Fondi documentari > Massa Canonici* (di cui il fascicolo 4 costitui-

pone di 9 carte scritte in *recto* e *verso*, e contiene elenchi di affitti da immobili di proprietà dei canonici di San Zeno, con numerose indicazioni di toponimi d'area pistoiese: tra questi vi sono nomi di frazioni e insediamenti esterni alla città, oltre che di chiese e cappellanìe. Nell'analisi si farà costante riferimento, per lo scioglimento del significato dei nomi, ad appositi strumenti bibliografici più o meno moderni, tra cui la *Toponomastica della valle dell'Arno* di Silvio Pieri che, nonostante la non recente data di edizione, conserva un'importanza fondamentale per indagini in questo settore[16]. Sempre col supporto dello studio di Pieri, infine, si analizzerà l'origine di alcuni toponimi non presenti nel fascicolo del fondo Massa Canonici, ma particolarmente interessanti sotto il profilo storico e storico-linguistico. Come dichiara lo stesso autore in prefazione il testo della *Toponomastica* presenta importanti lacune dovute a criteri di classificazione e di ricerca necessariamente rigidi. L'opera, infatti, divide i nomi studiati in capitoli distinti per tipologia e lingua di derivazione: oltre ai toponimi di base latina vi sono quelli di base etrusca e germanica, nomi locali discendenti dalla nomenclatura della botanica, zoologia, morfologia del territorio. Restano esclusi, come dichiarato dallo stesso autore, i toponimi legati ai nomi di santi e quelli da lui relazionati alle «voci usuali italiane», insieme ai nomi di città e paesi che mostrano esatta rispondenza con le voci antiche. Tra queste si segnala il caso di Pistoia, il cui significato è sciolto da un ulteriore strumento specifico, il *Dizionario geografico* di Emanuele Repetti, edito nella prima metà dell'Ottocento[17].

Di séguito l'elenco dei toponimi studiati; per la loro ubicazione si veda la cartina finale (fig. 3), in cui sono inseriti nomi e relativi numeri.

[1] PISTOIA[18]. Non si conservano molte notizie dell'antica *Pistoriae*,

---

sce, al momento, l'unico materiale reso disponibile online).

16 S. PIERI, *Toponomastica della Valle dell'Arno*, Roma, Tipografia della R. Accademia dei Lincei, 1919 (di cui si è consultata la ristampa anastatica: Lucca, Accademia lucchese di scienze, lettere e arti, 2008).

17 E. REPETTI, *Dizionario geografico fisico storico della Toscana*, 5 voll., Firenze, 1833-1846.

18 La scrizione dei toponimi in elenco segue la grafia moderna, così come nella cartina della figura 3.

Pistoria nelle fonti classiche: menzionata da Plinio tra i municipi dell'Etruria nel I sec. a. C., l'*Itinerarium Antonini* e la *Tabula Peutigeriana* la inseriscono tra le stazioni della via Cassia, nel tratto compreso tra Firenze e Lucca. Il toponimo si collega al latino *pistor, -ōris* ('mugnaio', 'fornaio'), da mettere in relazione all'attività di panificazione diffusa nell'insediamento in epoca romana, nonché alla fertilità delle aree limitrofe, ampiamente sfruttate per le coltivazioni. Improbabili, invece, sono alcune ricostruzioni paretimologiche citate da Pieri, che collegano il toponimo al greco *pístis* (per sottolineare la particolare devozione degli abitanti), o al latino *pĕste(m)*: «molte cose si dessero intorno all'etimologia ed all'origine di Pistoia. [...] Tale sarebbe quella di attribuirne la nascita ad una riunione di fornai (*Pistores*), chiamativi dalla fertilità del suolo; tale l'altra di farla derivare da una greca radice (*Pystos*) significante *Fede*, o da altra lingua orientale (*Piturim*) per farla cadere sul confine dell'Appennino toscano, quasi termine fra la Lombardia e l'Etruria; tale finalmente una anco più ridevole di chi la fece nascere dalla parola distruttiva di *Peste*»[19].

[2] PACCIANA. Nel quarto fascicolo del registro della Massa Canonici (1*r*)[20] si legge: «Piero Amorosi de *Pacciana*», con chiaro riferimento a Badia a Pacciana, nella valle dell'Ombrone pistoiese, nota per l'omonimo complesso conventuale sorto nell'XI secolo e dedicato a Santa Maria Vergine[21]. Il toponimo, come indicato da Pieri, risale al latino *Pacciānu(m)*, *-a*, *-anŭla*, derivato a sua volta dal nome proprio *Paccius*[22].

---

[19] *Ivi*, vol. 4, p. 401. Cfr., inoltre, *Dizionario di toponomastica. Storia e significato dei nomi geografici italiani*, a cura di G. GASCA QUEIRAZZA - C. MARCATO - G.B. PELLEGRINI - G. PETRACCO SICARDI - A. ROSSEBASTIANO, Torino, UTET, 1990, s.v. *Pistoia*.

[20] Il quale d'ora in avanti verà citato semplicemente come *F4*, seguìto dal numero della carta in esame.

[21] «Chiesa parrocchiale (S. Maria a Pacciana) innanzi tutto del Monastero di S. Bartolommeo di Pistoja, poi per vari secoli Badia de' Vallombrosani, la quale dà il vocabolo ad una contrada nella Comunità di Porta Carratica, Giurisdizione Diocesi e quasi 4 miglia toscane a scirocco di Pistoja, Compartimento di Firenze. [...] Cotesta contrada, sebbene sotto uno stesso popolo, dividesi in Pacciana di sotto, e Pacciana di sopra» (REPETTI, *Dizionario geografico*, cit., vol. 4, p. 5).

[22] Cfr. PIERI, *Toponomastica della Valle dell'Arno*, cit., p. 168.

[3] CANAPALE. F4, 1*r*: «Bertuccio de *Canapale* pro D(omi)no Puccino Ugolini».

Situato anch'esso a ridosso del torrente Ombrone, nella valle del Brana, Canapale viene menzionato negli antichi statuti pistoiesi per i suoi numerosi mulini. Il nome di luogo, in questo caso, va ricollegato a *cannăbis*, con riferimento alle piantagioni di canapa presenti nel territorio: «la bassa situazione, e la natura del suolo palustre irrigato da varj torrenti e canali, probabilmente somministrò a questa contrada il nome della pianta che costà vi si coltivava»[23].

[4] VALDIBURE. F4, 3*v*: «D(omi)na tedesca uxor Beneditti Fredini *Vallis Bure*».

Il toponimo, in questo caso, va ricollegato al latino *bura, ac*, con riferimento alla *bura*, il ceppo dell'aratro. Vi è un'analogia, secondo Pieri, tra la curvatura dello strumento agricolo e il cambio di direzione ('gomito') del corso d'acqua, in questo caso il torrente Bure[24].

[5] MOZZANO. F4, 4*r*: «Martino Bartolomei de *Moçano*»; «Nutus Benattesi de *Moçano*»; «Banduccio de *Mothano*», ecc.

Il toponimo, già attestato a partire dall'inizio del XIII sec., si può identificare con l'attuale località di Villa di Baggio. A conferma di questa ipotesi è l'ubicazione di Mozzano in una carta topografica del XVIII sec., corrispondente a quella del piccolo borgo odierno. Alla carta si aggiunge un documento dell'Archivio Vescovile di Pistoia, risalente allo stesso periodo, in cui l'oratorio della chiesa di S. Antonio di Villa di Baggio viene indicato come «S. Antonio da Padova a Mozzani»[25].

Il caso di Mozzano si dimostra particolarmente interessante sotto il profilo linguistico: nelle annotazioni riportate nel fascicolo 4 dell'Archivio Capitolare, infatti, si osserva una significativa alternanza in grafia nella resa della zeta sorda, rappresentata in

---

23 REPETTI, *Dizionario geografico*, cit., vol. 1, p. 441. Cfr. anche *ivi*, p. 229.
24 Cfr. *ibidem*, p. 334.
25 Cfr. *Dizionario toponomastico delle valli della Bure*, a cura di G. MILLEMACI, Pistoia, Società Pistoiese di Storia Patria, 1999, s.v. *Villa di Baggio*.

modo differente nello stesso documento, con scrittura in in <ç> (*Moçano*) <th> (*Mothano*). Come rilevato in uno studio di Paola Manni[26], l'uso della grafia <th> col valore di zeta sorda rappresenta una caratteristica degli antichi documenti toscani occidentali, in particolar modo di quelli pistoiesi. A tale proposito la studiosa ha sottoposto a spoglio varie edizioni di testi toscani risalenti all'arco cronologico X-XII secolo, provenienti rispettivamente dall'area pisana, volterrana, pistoiese (tra cui la già citata edizione dei *Regesta* della Canonica di S. Zenone, XI sec.), pratese e pisano-lucchese, considerando sia testi in volgare, sia testi scritti nel volgare "travestito in latino" di cui si è parlato. Lo studio documenta ampiamente l'uso del diagramma <th> per rappresentare la /z/ all'interno di questo *corpus* di testi. Tra i casi riportati nello studio, è presente anche il toponimo *Tithana*, e quindi 'Tizzana', frazione di Quarrata[27], toponimo fondiario del nome proprio latino *Titius*, con suffisso aggettivale *–ānus*[28].

[6] Gora. F4, 5*r*: «Monasteriu(m) S(an)c(t)i Michael(i) de *Ghora*».

Il monastero benedettino di San Michele di Gora, il cui primo insediamento risale alla fine del XII secolo, venne eretto nella zona settentrionale di Pistoia.

Gora, che sta per 'canale' o 'acqua stagnante', 'pozza', 'acquitrino' è di etimo incerto: corrispondente, secondo Repetti, alla forma non attestata **gaura*, forse di sostrato prelatino, va relazionato, con ogni probabilità, a un corso d'acqua artificiale adiacente al comune di Pistoia[29].

[7] Castellare. F4, 5*r*: «Iuseppus Castra Leonis C. S(an)c(t)i Iacobi in *Castell(are)*».

Il toponimo si riferisce a un luogo originariamente fortificato, situato all'interno della prima cerchia muraria di Pistoia, adiacente alla attuale Piazzetta delle Scuole Normali, ed è atte-

---

26 P. Manni, *<TH>* = */Z/*, «Studi linguistici italiani» XVII, II (1990), pp. 173-187.

27 Cfr. *ivi*, p. 176.

28 Cfr. *ibidem*, p. 189; *Dizionario di toponomastica.*, cit., s.v. *Quarrata*.

29 Cfr. Repetti, *Dizionario geografico*, cit., vol. 2, pp. 468-469.

stato dall'inizio del Duecento. Alla sommità dello sdrucciolo del Castellare si trova la chiesa romanica di San Iacopo, a cui la scritta fa riferimento[30].

[8] SANTA MARIA AL PRATO. F4, 5*v*: «Claritus Benuctuci Calçoraio C. S(*ancte*) *Marie al Prato*».

La chiesa di Santa Maria Maddalena al Prato venne eretta a Pistoia nell'XI sec., nell'attuale piazza San Francesco, soggetta ad importanti trasformazioni a partire dal Cinquecento, quando Cosimo I de' Medici ordinò la costruzione di quattro bastioni presso gli angoli della cinta muraria, uno dei quali stravolse la zona del Prato di San Francesco. Alla fine del Settecento la parrocchia fu soppressa per volontà del vescovo Scipione de' Ricci e venduta a privati, che ne sancirono progressivamente la demolizione, inglobandola in altri edifici fino a farla scomparire[31].

[9] AGLIANA. F4, 2*r*: «Ruffus Mercati de *Alliana*»; «Bertus Rugerii de *Alliana*», ecc.

Situata nella valle dell'Ombrone pistoiese, Agliana trova le sue origini nel I secolo a. C. e deve il suo sviluppo alla realizzazione, nel II secolo d. C., della via Cassia, importante strada consolare di collegamento tra Roma e Firenze. L'agglomerato urbano si sviluppò sull'asse dell'importante passaggio transappenninico e divenne una stazione di scambio, denominata *Statio Hellana*. La prima notizia documentata di Agliana appare nella *Tabula Peutingeriana*, al cui interno il comune viene indicato con il nome di *Helliana*[32].

Secondo Pieri il toponimo è una formazione prediale con suffisso *-ana* (*Alliānu, -a*), da ricondurre all'antroponimo *Allius*[33]. Meno condivisibile, invece, la ricostruzione di Repetti, che lo ri-

---

30 Cfr. A. CECCHI - M. INNOCENTI, *Vie e piazze di Pistoia. Schede di toponomastica urbana*, ediz. riveduta e integrata a cura di A. CECCHI - V. TORELLI VIGNALI, Pistoia, Società Pistoiese di Storia Patria, 2001, p. 56.
31 Cfr. A. CIPRIANI, *Per rinnovare il "bel Corpo della Chiesa". Memoria delle soppressioni parrocchiali settecentesche nella "città fratajà" di Pistoia*, Pistoia, Gli Ori, 2007, pp. 174-183.
32 Cfr. *Dizionario di toponomastica.*, cit., s.v. *Agliana*. Rinvio, per approfondimenti, a RAUTY, *Agliana dalle origini all'età comunale*, cit.
33 Cfr. PIERI, *Toponomastica della Valle dell'Arno*, cit., p. 114.

conduce al torrente *Agna*, anticamente *Alina*, il cui corso è situato vicino all'insediamento urbano[34]. A questo proposito è interessante osservare come gli studi di Rauty riconducano le forme *Aliana, -i, Allana, Alghana, Alliana, Liana* al toponimo in esame; i riscontri di *Agnana, -o*, invece, ad Agnano[35].

[10] STARCILLIANO. F4, 3*r*: «Duccio Parmisiani de *Starcilliano*».

Il toponimo si riscontra anche presso il già citato fondo *Pistoia, San Zenone* dell'Archivio di Stato di Firenze, in un regesto datato 1271[36]. La località, situata nel comune di Valdibure, trova testimonianza anche in documenti di epoca successiva, come in un testo del Catasto fiorentino datato 1427 (c. 242*v*): «più pezi di terra, parte lavorata, parte vigniata, boschata, posta [...] l. d. a Starcigliano»[37]. Si noti, nell'ultimo caso citato, l'esito palatalizzato del nesso *-lli-* in *-gli-*, tipica di testi coevi d'area fiorentina e toscana.

[11] BRUGIANICO. F4, 3*v*: «Duccius Accorsi de *Brugianicho*».

Anch'esso nella valle dell'Ombrone, è definito da Repetti «villaggio spicciolato con parrocchia suburbana nella Comunità di Porta al Borgo». «La chiesa di *Burgianico* — scrive ancora Repetti — spetta al capitolo della cattedrale di Pistoja sino dal secolo XI, mentre trovasi registrata in una bolla di Urbano II spedita a quei canonici sotto il dì 19 dicembre 1094»[38]. Come osservato da Rauty, la corte vescovile di *Burgianico* appartiene alle 19 pievi della diocesi pistoiese elencate nel Diploma di Ottone III del 998[39], ed è citata nel Memoriale del vescovo Ildebrando.

Secondo Pieri il toponimo va collegato a *Bargiānu, -anĭcu*, dal nome proprio *Bargius*, da cui anche *Bargiano* (presso San Casciano in Val di Pesa), mentre è da attribuire a una «avventura

---

34 Cfr. REPETTI, *Dizionario geografico*, cit., vol. 1, pp. 54-55.
35 Si vedano gli indici lessicali di N. RAUTY, *Storia di Pistoia*, I, cit.; ID., *Regesta chartarum pistoriensium. Alto Medioevo. 493-1000*, cit.
36 Segnato come Pistoia, S. Zenone (cattedrale, capitolo), inventario 1913, 110 (consultabile sempre alla pagina < http://www.archiviodistato.firenze.it >).
37 Cito da *Dizionario toponomastico delle valli della Bure*, cit., s.v. *Starcigliano*.
38 REPETTI, *Dizionario geografico*, cit., vol. 1, p. 374.
39 Cfr. RAUTY, *Storia di Pistoia*, I, cit., pp. 251-252.

dell'attigua labiale»[40] il passaggio da *a* ad *u*. La forma *Bru-*, riscontrata a partire dal 1155, è da considerarsi metatetica di quella *Bur-*, con prima attestazione nel 997[41].

[12] MONTALE. F4, 4*r*: «Lamberto Rossi de *Mo(n)tale*»; «Petrus Dulcis de *Mo(n)tale*», ecc.

Situato nella valle dell'Ombrone, ai piedi degli Appennini, Montale confina ad est con il comune di Montemurlo e a sud con quello di Agliana. Il primo insediamento fu eretto all'inizio del XIII secolo come centro fortificato quando Pistoia, in lotta con i conti Guidi per il predominio della zona, volle munire di difese il colle di Vigliano. Conquistato e distrutto da Firenze all'inizio del XIV sec., l'insediamento fortificato non venne più ricostruito, ma vide il progressivo sviluppo del borgo sottostante, che divenne una importante podesteria del capoluogo toscano nello stesso secolo[42].

Come sottolineato da Repetti, il nome del comune è dovuto all'«essere alle falde di un monte»[43], in analogia con i nomi di più località toscane[44].

[13] SERRAVALLE. F4, 6*r*: «Andreas Iacobi de *Seravalle*».

Serravalle Pistoiese è un borgo agricolo situato tra la Valdinievole e la pianura di Pistoia, sulle pendici del Montalbano.

Si tratta di un toponimo composto, da relazionare all'espressione "serra valle", e quindi 'che serra', 'che chiude la valle', con riferimento diretto alla sua posizione geografica (Serravalle, infatti, rappresenta un punto di confine tra la piana di Firenze, Prato, Pistoia e la Valdinievole). Il primo insediamento del borgo risale al XII sec., quando vennero edificate due rocche di presidio del territorio, dette di S. Maria e della Nievole.

---

40 PIERI, *Toponomastica della Valle dell'Arno*, cit., p. 123.

41 Cfr. *ivi*.

42 Cfr. RAUTY, *Montale dalle origini all'età comunale*, cit., p. 13.

43 Cfr. REPETTI, *Dizionario geografico*, cit., vol. 3, p. 305.

44 Cfr. PIERI, *Toponomastica delle Valli del Serchio e della Lima*, Torino, 1898, p. 156 (si cita da *Dizionario di toponomastica.*, cit., s.v. *Montale*).

[14] Femminamorta.

Il toponimo, che indica un piccolo agglomerato della Montagna Pistoiese, frazione del comune di Marliana, può presentare al primo impatto un tratto ludico, specialmente per chi non è frequentatore abituale del luogo. Il nome rientra in una serie compositiva che Pieri fa risalire all'aggettivo *mortuu*[45], con significato di 'stagnante', 'sterile', e con riferimento a caratteristiche geologiche e fisiche del territorio in cui sorge l'insediamento urbano. Come Femminamorta abbiamo, ad esempio, *Acquamortua* (Arezzo), *poggio Calimorti* (Dicomano), *Filimortula* (Prato), che Pieri definisce un «nome ben appropriato a cotesto fosso rettilineo d'acqua quasi stagnante»[46]. Si consideri, comunque, che per il caso di Femminamorta sarebbe necessario operare un controllo più approfondito delle fonti locali, in cerca di possibili riferimenti a una «femmina morta» (anche in senso figurato), a cui potrebbe legarsi l'origine del toponimo (come, d'altronde, nel caso del monte *Uomo morto* presso le Alpi Apuane, sempre citato da Pieri).

[15] Quarrata.

Comunemente definito "città del mobile" per via della rete di piccole e medie imprese che commercializzano mobili, il comune è un piccolo centro della pianura pistoiese, a breve distanza dal Monte Albano e dalla sponda destra dell'Ombrone. Le origini conosciute di Quarrata, nonostante il toponimo di ascendenza romana, risalgono al X secolo: la *plebs* del borgo, infatti, viene riconosciuta in un diploma del vescovo di Pistoia del 998. Un privilegio papale del XI sec., inoltre, menziona lo Spedale di «Sanctus Ambrosius de Quarrata», ubicato, con ogni probabilità, nell'odierno Spedaletto[47].

Per lo scioglimento del significato del toponimo Pieri rinvia alla *centuria quadrata* applicata dagli agrimensori ai territori del dominio di Roma: quello della centuriazione, infatti, era il tipico sistema con cui i romani organizzavano i territori agricoli, basandosi sullo schema già adottato nei *castra* e nella fondazione

---

45 Cfr. Id., *Toponomastica della Valle dell'Arno*, cit., p. 287.

46 *Ivi.*

47 Si ricavano i cenni storici dal Piano strutturale di Quarrata redatto nel 2002, ora consultabile nel sito del comune (< http://www.comunequarrata.net/ >).

di insediamenti urbani, dividendo il territorio in porzioni quadrate. Da sottolineare l'ampia diffusione del toponimo in territorio toscano, in cui si osservano il Monte Quarata (presso Lucignano), Quarata (frazione di Arezzo), Quarata (frazione di Foiano, per cui Pieri afferma: «è dentro un quadrato, fra un rigagnolo e tre vie, che [...] ha pressappoco le dimensioni della centuria romana»)[48].

[16] Vilièpori.

Situato nel territorio di Casalguidi, deve probabilmente il suo nome a *via lepŏris*: «come è noto, la lepre in caccia segue sentieri fissi»[49]. Tuttavia, è da tenere in considerazione l'esito diverso *Vilièpoli* citato da Arrigo Castellani nei *Saggi di linguistica e filologia italiana e romanza*[50]. Il secondo esito, risultante da rilievi diretti sul territorio, potrebbe far pensare a un'origine diversa del toponimo, forse contenente un antroponimo germanico. Tuttavia, come sostenuto da Castellani, anche in presenza della forma *Vilièpoli* si deve tenere per ferma la base *via lepŏris*, pensando a un passaggio /r/ > /l/ altrove documentato[51].

I dati riportati nella serie dei toponimi presi in esame, per quanto a campione, permettono di ribadire l'importanza delle fonti documentarie per la ricostruzione delle vicende storiche del territorio pistoiese, nonché per l'analisi dell'evoluzione linguistica nelle sue fasi più antiche. Va ribadita, a questo proposito, l'importanza del lavoro compiuto finora per il sito dell'Archivio Capitolare, che meriterebbe di essere continuato e implementato. Come dimostrano alcuni progetti sviluppati nel quadro europeo negli ultimi anni, sarebbe opportuno sfruttare le conoscenze recentemente acquisite in materia di informatica umanistica, ponendo come obiettivo primario l'edizione digitale di questi testi: non prevedendo, cioè, la sola messa in rete delle riproduzioni degli originali, che rappresentereb-

---

48 Pieri, *Toponomastica della Valle dell'Arno*, cit., p. 293.

49 *Ivi*, p. 392.

50 Cfr. A. Castellani, *La diphtongaison des e et o ouverts en italien*, in Id., *Saggi di linguistica e filologia italiana e romanza*, cit., vol. 1, pp. 123-138, cit. p. 127.

51 Questi dati, rimasti inediti, mi sono stati riferiti personalmente dalla prof.ssa Giovanna Frosini, allieva e collaboratrice di Castellani per un lungo periodo, che discusse con lui della questione.

be comunque già un risultato meritorio, ma valutando la possibilità di approntare edizioni critiche digitali *ad hoc,* in cui le riproduzioni sarebbero accompagnate da relative trascrizioni e apparati in un rapporto di reciproca interdipendenza[52].

L'edizione informatica, lo studio di questi testi e la loro diffusione tramite le moderne tecnologie porterebbero certamente a significativi passi in avanti nella ricostruzione completa della lingua e della cultura dell'antica Pistoia. L'attenzione rivolta da Natale Rauty al patrimonio documentario e alla storia della sua terra potrebbe così essere idealmente continuato: si renderebbe visibile, attraverso il ricorso alle fonti e ai documenti originali, la storia pistoiese (politica, linguistica, economica, sociale), mettendo a disposizione degli studiosi di varie discipline materiali di prima mano, resi finalmente leggibili e interpretabili, nonché raggiungibili ovunque attraverso la rete. Si valorizzerebbero in questo modo gli straordinari depositi documentari e archivistici della città e del territorio nel suo complesso, puntando alla rivalutazione delle istituzioni cittadine e alla promozione del senso civile della comunità pistoiese. Attenzioni che, come ben sappiamo, Natale Rauty curò con passione in tutta la sua lunga e operosa vita.

---

52 Tra i molti esempi che si potrebbero citare a questo proposito, vale la pena ricordare il grande lavoro svolto da alcune delle più importanti biblioteche nazionali europee nella digitalizzazione dei loro patrimoni librari (come la British Library e la Bibliothèque nationale de France), a cui si affiancano ulteriori opere di trattamento informatico di testi antichi: tra queste spicca quella monumentale di *Europeana Regia* (< http://www.europeanaregia.eu >), che mette a disposizione più di mille manoscritti redatti tra Medioevo e Rinascimento, appartenuti ad alcune delle più importanti collezioni reali europee. Per il fronte documentario, più vicino all'argomento di questo intervento, sono da ricordare, tra gli esempi di edizioni critiche digitali, il progetto di edizione di una collezione di lettere di origine lombarda (risalenti al periodo 1132-1137), a cura di H.-J. Beyer dell'Universität des Saarlandes, nell'ambito dei *Monumenta Germaniae Historica* (< http://www.uni-saarland.de/verwalt/praesidial/LuSt/Lomb/Lo-IT.html >); l'edizione delle carte anglosassoni (*Anglo-Saxon Charters*) promossa dalla British Academy, dalla Royal Historical Society e dal King's College di Londra, che mette a disposizione in rete le trascrizioni dei documenti inediti identificati in anni recenti, accanto a vari materiali di supporto: cronologie, cronotassi, formulari, regesti, bibliografie, profili di archivi, saggi e altri materiali miscellanei (< http://www.aschart.kcl.ac.uk >); infine, il progetto di pubblicazione integrale in digitale del *Codice Diplomatico della Lombardia medievale (secoli VIII-XII)* promosso da Michele Ansani, diplomatista dell'Università di Pavia (< http://cdlm.unipv.it >).

63

IMMAGINI

Fig. 1. Pistoia, Archivio Capitolare, *Memoria afficti canonice Sancti Zenonis*, PT AC, F.4 (1290), 1*r*. [Per gentile concessione dell'Archivio]

Fig. 2. Pistoia, Archivio Capitolare, *Memoria afficti canonice Sancti Zenonis*, PT AC, F.4 (1290), 5*v*. [Per gentile concessione dell'Archivio]

Fig. 3. Carta del territorio circondariale di Pistoia con l'ubicazione dei toponimi analizzati nell'intervento (l'ordine numerico corrisponde a quello dello scritto).

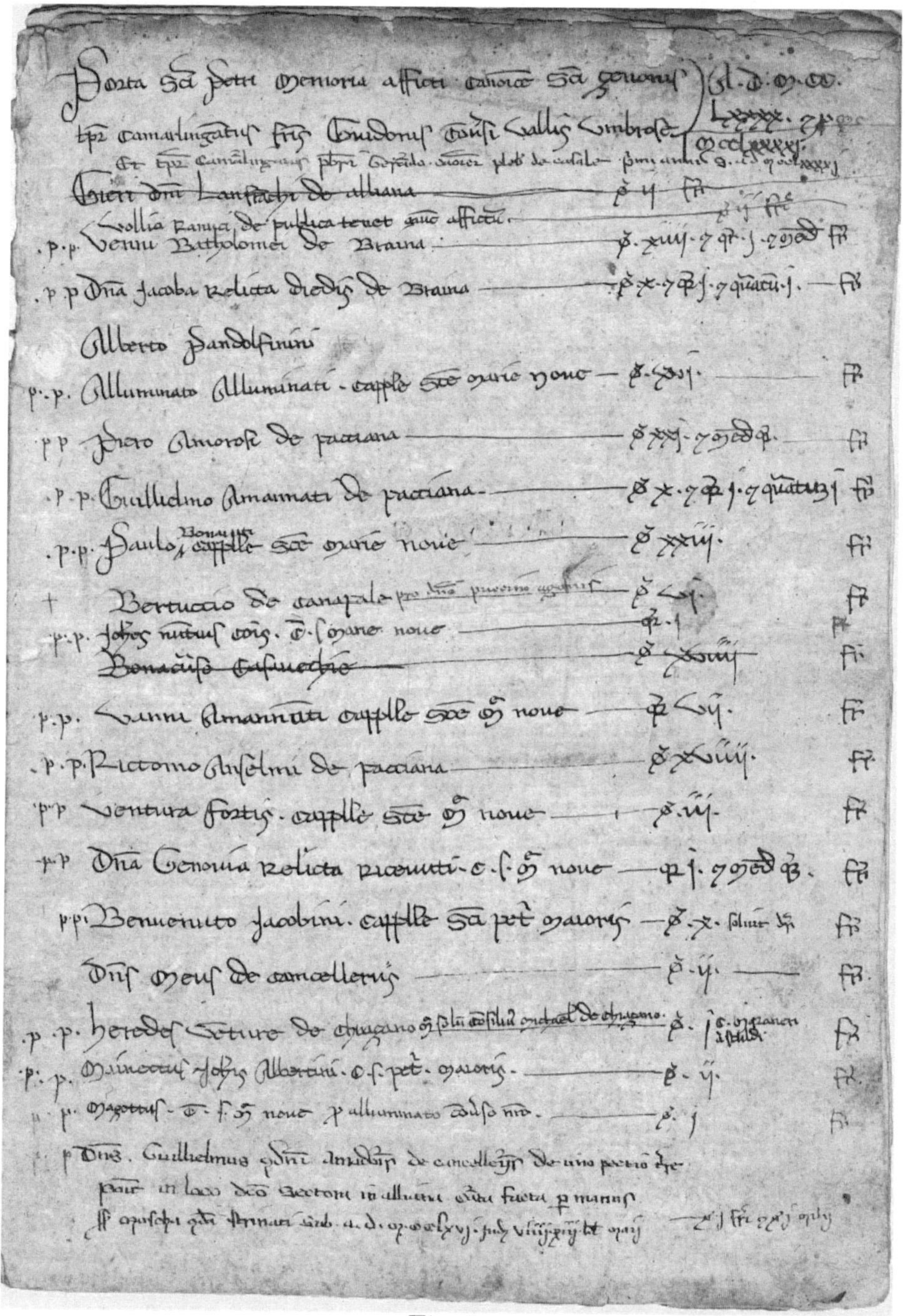

Fig. 1

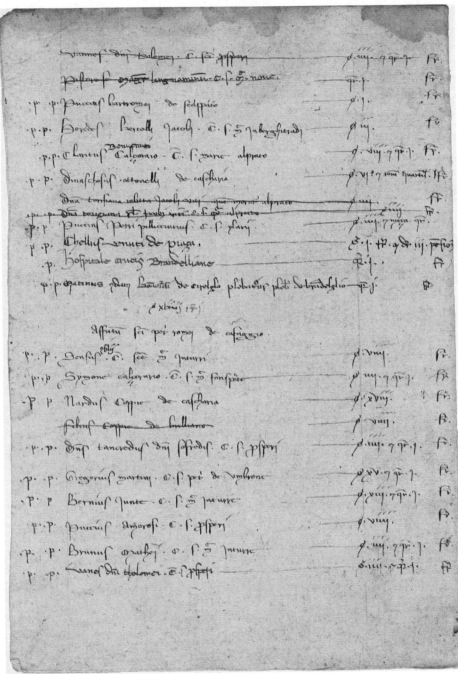

Fig. 2

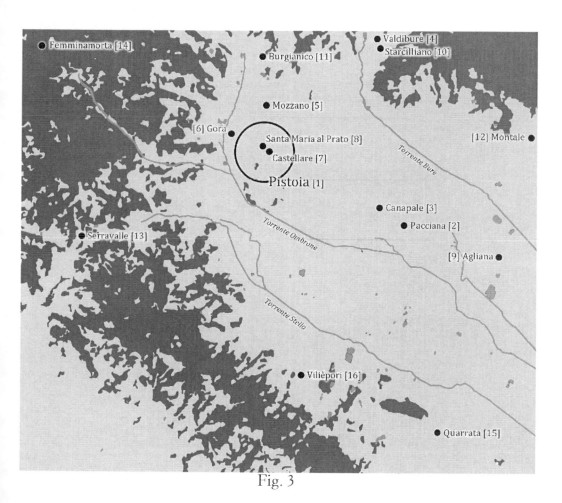

Fig. 3

PUBBLICAZIONI DEL CENTRO

Ceti, modelli, comportamenti nella società medievale (secoli XIII-metà XIV) (Atti del XVII Convegno Internazionale di Studi, 1999)

Le città del Mediterraneo all'apogeo dello sviluppo medievale: aspetti economici e sociali (Atti del XVIII Convegno Internazionale di Studi, 2001)

La trasmissione dei saperi nel Medioevo (secoli XII-XV) (Atti del XIX Convegno Internazionale di Studi, 2003)

Tra economia e politica: le corporazioni nell'Europa medievale (Atti del XX Convegno Internazionale di Studi, 2005)

La costruzione della città comunale italiana (secoli XII-inizio XIV) (Atti del XXI Convegno Internazionale di Studi, 2007).

La ricerca del benessere individuale e sociale. Ingredienti materiali e immateriali (città italiane, XII–XV secolo) (Atti del XXII Convegno Internazionale di Studi, 2009)

Circolazione di uomini e scambi culturali tra città (secoli XII-XIV) (Atti del XXIII Convegno Internazionale di Studi, 2011)

I paesaggi agrari d'Europa (secoli XIII-XV) (Atti del XXIV Convegno Internazionale di Studi, 2013)

QUADERNI

Studi storici pistoiesi, I

Studi storici pistoiesi, II

Studi storici pistoiesi, III

Studi storici pistoiesi, IV, *La rinascita del mercato nel X secolo* (Giornata di Studio, 2010).

Studi storici pistoiesi, V, *L'eredità longobarda* (Giornata di Studio, 2012)

Studi storici pistoiesi, VI, *Pistoia tra età romana e alto medioevo* (Giornata di Studio in onore di Natale Rauty, 2014)